数字金融与企业高质量发展

董小红　刘　博　著

中国财经出版传媒集团
经济科学出版社
Economic Science Press

图书在版编目（CIP）数据

数字金融与企业高质量发展/董小红，刘博著. --北京：经济科学出版社，2023.8
ISBN 978 -7 -5218 -4920 -2

Ⅰ.①数… Ⅱ.①董…②刘… Ⅲ.①数字技术－应用－企业发展－研究－中国 Ⅳ.①F279.2 -39

中国国家版本馆 CIP 数据核字（2023）第 125476 号

责任编辑：黄双蓉
责任校对：靳玉环
责任印制：邱　天

数字金融与企业高质量发展
董小红　刘　博　著
经济科学出版社出版、发行　新华书店经销
社址：北京市海淀区阜成路甲 28 号　邮编：100142
总编部电话：010 -88191217　发行部电话：010 -88191522
网址：www.esp.com.cn
电子邮箱：esp@esp.com.cn
天猫网店：经济科学出版社旗舰店
网址：http://jjkxcbs.tmall.com
固安华明印业有限公司印装
710×1000　16 开　14 印张　210000 字
2023 年 8 月第 1 版　2023 年 8 月第 1 次印刷
ISBN 978 -7 -5218 -4920 -2　定价：53.00 元
（图书出现印装问题，本社负责调换。电话：010 -88191545）

前　言

党的十九大报告指出，要“推动互联网、大数据、人工智能和实体经济深度融合”。《中华人民共和国国民经济和社会发展第十四个五年规划和2035年远景目标纲要》也着重指出，要加强关键数字技术创新应用，加快推动数字产业化，推进产业数字化转型。可见数字经济发展对企业转型升级的现实意义不言而喻。在数字经济发展进程中，催生了以数字金融为代表的新兴金融业态。党的二十大报告指出，要深化金融体制改革，强化金融稳定保障体系，提高直接融资比重。

“金融服务-实体经济”与“金融风险管控”一直是我国金融改革的重要方面，在逐步推进供给侧改革以及构建“双循环”新发展格局的过程中，实现金融组织与金融市场、金融工具与金融科技、金融监管与金融调控、金融法治等各层面的改革与创新，形成中国经济发展特点与世界金融业发展趋势相结合的现代金融体系，既是深化金融改革的战略目标，也是促进企业高质量发展的重要举措。数字金融是数字技术与金融创新相结合形成的金融服务方式，借助数字技术，数字金融能够以更低的资金成本、更便捷的服务方式为更多的经济主体提供高效、负责、商业可持续的金融服务，实现金融服务实体经济短期内难以达到的兼具普惠与精准的服务目标。而在促进实体经济发展、维护经济体系健康运行、实现经济社会发展成果共享的同时，数字金融能否以及如何促进企业高质量发展，这是本书所要研究的主要问题。

本书主体包括四大部分：第一部分从现实状况出发，详细阐述了本书的研究背景、研究思路和研究方法等内容；第二部分重点对本书涉及的数字金融、会计信息质量、全要素生产率、权益资本、债务融资、供应链风险和会计质量的概念进行具体界定，并阐述了相关理论基础；第三部分侧重通过实证研究方法深入探讨数字金融对企业、信息使用者以及社会中介的影响；第四部分总结了本书的研究结论，并从企业、政府和社会三个层面提出相应的对策建议。

本书的特点在于既有理论化的分析，同时也进行了详细的实证研究，使读者可以清楚地了解数字金融是如何通过发挥“优胜劣汰、良性竞争”的机制来提高经济高质量发展的。阅读本书，有助于认识数字金融发展的优势，转变金融服务方式，提高金融市场资源配置效率，推进企业高质量发展，为实施数字金融的可行性和企业高质量发展开辟新路径和新思路。

目　录

第一章

绪　论

第一节　研究背景和研究意义

一、研究背景

党的十九大报告指出，要“推动互联网、大数据、人工智能和实体经济深度融合”。《中华人民共和国国民经济和社会发展第十四个五年规划和2035年远景目标纲要》也着重指出，要加强关键数字技术创新应用，加快推动数字产业化，推进产业数字化转型。可见，数字经济发展对企业转型升级的现实意义不言而喻。据《中国数字经济发展白皮书（2021）》显示，2020年中国数字经济规模已达39.2万亿元，占国内生产总值（GDP）的比重达38.6%，成为国民经济高质量发展的重要支撑（吴非等，2021）。在数字经济发展进程中，催生了以数字金融为代表的新兴金融业态。传统金融机构与互联网公司利用数字技术实现融资、支付、投资和其他新型金融业务的模式即为数字金融（黄益平和黄卓，2018）。党的二十大报告指出要深化金融体制改革，强化金融稳定保障体系，提高直接融资比重，增强金融服务实体经济能力。“金融服务实体经济”与“金融风险管控”一直是我国金融改革的重要方面，在逐步推进供给侧改革以及构建“双循环”

新发展格局的过程中，实现金融组织与金融市场、金融工具与金融科技、金融监管与金融调控、金融法治等各层面的改革与创新，形成中国经济发展特点与世界金融业发展趋势相结合的现代金融体系，既是深化金融改革的战略目标，也是促进企业高质量发展的重要举措。数字金融是数字技术与金融创新结合形成的金融服务方式，借助数字技术，数字金融能够以更低的资金成本、更便捷的服务方式为更多的经济主体提供高效、负责、商业可持续的金融服务，实现金融服务实体经济短期内难以达到的兼具普惠与精准的服务目标。

党的十九大报告中也明确提出“高质量发展”，指出中国经济需要由数量增长转向质量增长，由高速增长阶段转向高质量发展阶段。十九届五中全会进一步指出，我国在“十四五”时期的主要任务是经济发展取得明显新成效，在经济持续健康发展的基础上，显著提高发展质量和产出效益。习近平总书记在党的二十大报告中指出，高质量发展是全面建设社会主义现代化国家的首要任务。要坚持以推动高质量发展为主题，把实施扩大内需战略同深化供给侧结构性改革有机结合起来，增强国内大循环内生动力和可靠性，提升国际循环质量和水平，加快建设现代化经济体系，着力提高全要素生产率，着力提升产业链、供应链韧性和安全水平，着力推进城乡融合和区域协调发展，推动经济实现质的有效提升和量的合理增长。学者们从人口红利、财政分权、消费结构的升级、外商直接投资和产业结构等宏观角度对影响高质量发展的因素进行了丰富的探讨，但宏观层面的高质量发展需要依托于微观层面，必须切实以提升企业价值为根本出发点，激发企业活力、提升企业会计信息质量和全要素生产率，才能全面构筑高质量发展的微观主体。企业高质量发展是在宏观高质量发展的基础上，处于一种新领域、新水平、新高度上的发展新境界，不断提升企业的可持续发展能力。而数字金融的普惠性和精准性，有助于激发企业活力，提升企业的可持续发展能力，助力企业高质量发展。

二、研究意义

（一）理论意义

1. 为金融服务方式转变和金融体系现代化发展提供理论指导

数字金融可以充分发挥“优胜劣汰、良性竞争”的机制，提高金融市场资源配置效率，本书的研究有助于为我国金融服务方式和金融体系相关研究提供理论指引。

2. 为企业高质量发展提供理论阐述

本书基于供给侧结构性改革，从实体经济企业发展角度，用经验方法探究数字金融对企业高质量发展的作用机理和效应，有助于拓展企业高质量发展的内涵和维度，是对资源配置和公共治理相关问题研究的拓展和深化。

（二）实践意义

1. 为实施数字金融的可行性和企业高质量发展开拓新路径与新思路

企业的高质量发展，市场生态的良性循环，是改革顺利推进的重要保障，也是更好地服务“双循环”新发展格局，坚持稳中求进，着力提高经济发展质量和效益的迫切需要。本书在此背景下研究数字金融与企业高质量发展，为数字金融的实施和企业高质量发展提供了一个新的路径和研究思路。

2. 为政府相关部门完善数字金融的监督、引导企业高质量发展提供决策参考

本书在对数字金融与企业高质量发展进行机理分析和效应检验的基础上，提出政策建议，可以为政府相关部门提供决策参考。

第二节 研究内容和研究方法

一、研究内容

在制定《中华人民共和国国民经济和社会发展第十四个五年规划和2035年远景目标纲要》以及建立多层次资本市场、加快金融服务方式转型的背景下，本书立足于发达资本市场和发达经济体的生态运行，深入探究数字金融对企业高质量发展的影响机理，通过科学的模型设计检验数字金融的影响方向和程度，并提出相应的政策建议，促进“以企业为创新主体，资本服务于实体经济”国家发展战略的落实与推进，进而达到实现我国企业高质量发展和治理机制创新的目标。主要研究内容概括为以下几个部分。

第一章绪论。首先，从现实状况出发，提出本书研究的现实背景和理论背景，并详细阐述本书研究的理论意义和实践意义；其次，具体阐述本书的研究内容和研究思路，使读者清晰了解本书的研究内容和研究思路；最后，介绍本书的研究方法，并在既有研究的基础上概括出本书的创新之处。

第二章概念界定和理论基础。企业高质量发展从企业整体层面主要是通过会计信息质量和全要素生产率两方面体现，从信息使用者角度主要是通过投资者、债权人和供应商三方面体现，从社会中介视角主要是通过审计质量体现。一方面对本书所涉及的数字金融、会计信息质量、全要素生产率、权益资本、债务融资和供应链风险、审计质量概念进行具体界定；另一方面对本书所涉及的理论基础——信息不对称理论、交易成本理论、长尾理论、融资约束理论、金融发展理论和资源配置理论进行详细阐述。

第三章数字金融与企业会计信息质量。本章以会计信息可比性作为会计信息质量的衡量标准，以2011～2021年我国A股上市公司的数据为研究样本，考察了数字金融与企业会计信息可比性之间的关系。研究结果表明，数字金融具有提升效应，能够提高企业会计信息可比性；机制检验结果显示，数字金融可以通过改善企业内部控制，促进企业数字化转型和抑制真实盈余管理的方式发挥其对会计信息可比性的提升效应；进一步分析显示，数字金融的提升效应在数字金融维度、企业性质、经济政策不确定性和市场化程度不同的情况下会有所不同。具体来说，数字金融覆盖广、非国有企业、经济政策不确定性高和市场化水平较高的地区，数字金融更能发挥其对会计信息可比性的提升效应。

第四章数字金融与企业全要素生产率。以 2011～2021 年我国 A 股上市公司作为研究对象，探究了数字金融对企业全要素生产率的影响，并验证了企业家创新精神和契约精神在二者间发挥的中介效应。研究发现，数字金融促进企业全要素生产率的提升。在考虑了内生性问题，经过一系列稳健性检验后，结论依然成立；企业家创新精神和契约精神在数字金融对企业全要素生产率的影响中发挥了部分中介效应；数字金融覆盖广度、使用深度和数字化程度三个维度对企业全要素生产率均有显著的促进作用，数字金融对企业全要素生产率的促进作用具有产权性质、行业竞争程度和规模的异质性。数字金融对民营企业、行业竞争程度大的企业和小规模企业的全要素生产率的促进作用更为显著。

第五章数字金融与企业权益资本。权益资本是企业股东用部分企业所有权来换取融资的一种方式，可以扩大企业资本，吸引新的股东。权益资本成本是投资者对预期要承担的企业风险水平所要求的回报率，反映投资者对企业未来经营风险的预期和估计。本章以 2011～2021 年我国 A 股上市公司为对象，探讨了数字金融对企业权益资本成本的影响及作用机制。研究发现，数字金融可以降低企业权益资本成本；机制分析表明，数字金融能通过缓解企业融资约束、信息不对称来降低企业权益资本成本；进一步研究发现，数字金融对市场化程度低的企业、非国有企业以及东部地区企业权益资本成本的降低作用更加显著。

第六章数字金融与企业债务融资。本章以 2011～2021 年我国 A 股上市公司为研究样本，实证分析了数字金融对企业债务融资的影响。研究表明，数字金融的发展能够降低企业债务融资成本、优化企业债务融资结构，且在一系列稳健性检验和内生性处理后结论依然成立。进一步研究发现，数字金融通过缓解融资约束、降低信息不对称程度这一中介作用来影响企业债务融资。并且，在高技术企业与股权集中度异质性的情况下，数字金融对企业债务融资会产生不同的影响。

第七章数字金融与供应链风险。供应链通常由核心企业和非核心企业构成，是为了满足客户需求而组成的一个具有网链式结构的有机系统，这个系统具有传染效应，下游客户企业的经营状况会通过供应链对上游供应商企业产生积极或消极的影响。本章以 2011 ~ 2021 年我国 A 股上市公司为研究对象，实证检验了数字金融对供应链风险的影响，以及短期偿债能力和经营风险的中介作用。研究表明，数字金融能够显著提升供应商集中度，从而降低供应链风险；短期偿债风险和经营风险在数字金融与供应链风险之间起到部分中介作用；进一步研究表明，数字金融的覆盖广度和使用深度均显著提高供应商集中度，且对于市场化程度高、内部控制质量高的企业而言，数字金融对供应链风险的抑制作用更明显。

第八章数字金融与审计质量。以 2011 ~ 2021 年我国 A 股上市公司为研究对象，实证研究发现，数字金融可以显著提升审计质量，且具有延伸性。作用机制研究表明，数字金融可以通过降低企业经营风险、财务风险，提高会计信息质量以及加强审计师披露关键审计事项的意愿来提升审计质量。进一步从数字金融维度、地区差异、金融监管和会计师事务所规模等视角探究数字金融对审计质量的影响，发现数字金融的覆盖广度、使用深度和数字化程度均能提高审计质量，并且数字金融对审计质量的提高在东部地区、强金融监管以及非“四大”会计师事务所中更为显著。

第九章研究结论和对策建议。本书研究发现数字金融有助于企业高质量发展，从企业总体层面会计信息质量和全要素生产率视角分析，数字金融可以提高会计信息的可比性和全要素生产率。从信息使用者（投资者、债权人和供应商）角度分析，数字金融可以降低权益资本成本；数字金融的发展能够降低企业债务融资成本、优化企业债务融资结构；数字金融能够显著提升供应商集中度，从而降低供应链风险；从社会中介视角分析，数字金融能够提高审计质量。在已有经验检验结果的研究基础上，结合我国的制度背景和经济发展状况，从政府层面、企业层面和社会中介层面提出相应的政策建议。

二、研究方法

本书主要采用规范研究法和实证研究法，对数字金融和企业高质量发展进行研究。

（一）规范研究法

首先，运用文献研究法，对数字金融和企业高质量发展的概念做了界定，通过文献梳理，总结数字金融对企业高质量的启示，初步分析数字金融与企业高质量的关系。其次，在信息不对称理论、交易成本理论、长尾理论、融资约束理论、金融发展理论和资源配置理论的基础上，深入推导数字金融对企业高质量发展的影响。

（二）实证研究法

在理论分析的支撑下，参考以往学者的做法选取变量，建立相应的回归模型。选取我国 A 股上市公司为研究样本，用 Stata1 6.0 和 Excel 软件对数据进行整理筛选并进行实证分析。首先，通过描述性分析，整体了解数据的特征；其次，通过相关性分析，对数字金融与会计信息质量、全要素生产率、投资者、债权人和供应商的关系进行验证；再次，根据回归模型验证相关研究结论，分析相关的作用机制，并对上述结果进行稳健性和内生性处理；最后，对样本进行进一步分析，得出相应的结论和启示。

第三节 研究思路和研究创新

一、研究思路

以“数字金融与企业高质量发展”为核心研究目标，遵循“研究问题—理论分析—实证检验—研究启示”的逻辑思路依次展开研究。首先，根据相关的理论基础和特征事实，提出研究问题，界定数字金融与企业高质量发展相关概念和理论基础；其次，根据整理的相关文献和资料，探讨数字金融对企业整体层面高质量发展的影响，主要探讨其对企业会计信息质量和企业全要素生产率的作用机理和影响效应；再次，根据信息使用者视角，分别探讨数字金融对投资者（权益资本）、债权人（债务融资）和供应商（供应链风险）的影响；最后，在已有经验检验结果的研究基础上，结合我国的制度背景和经济发展状况，提出相关的研究结论和启示。本书研究思路如图 1－1 所示。

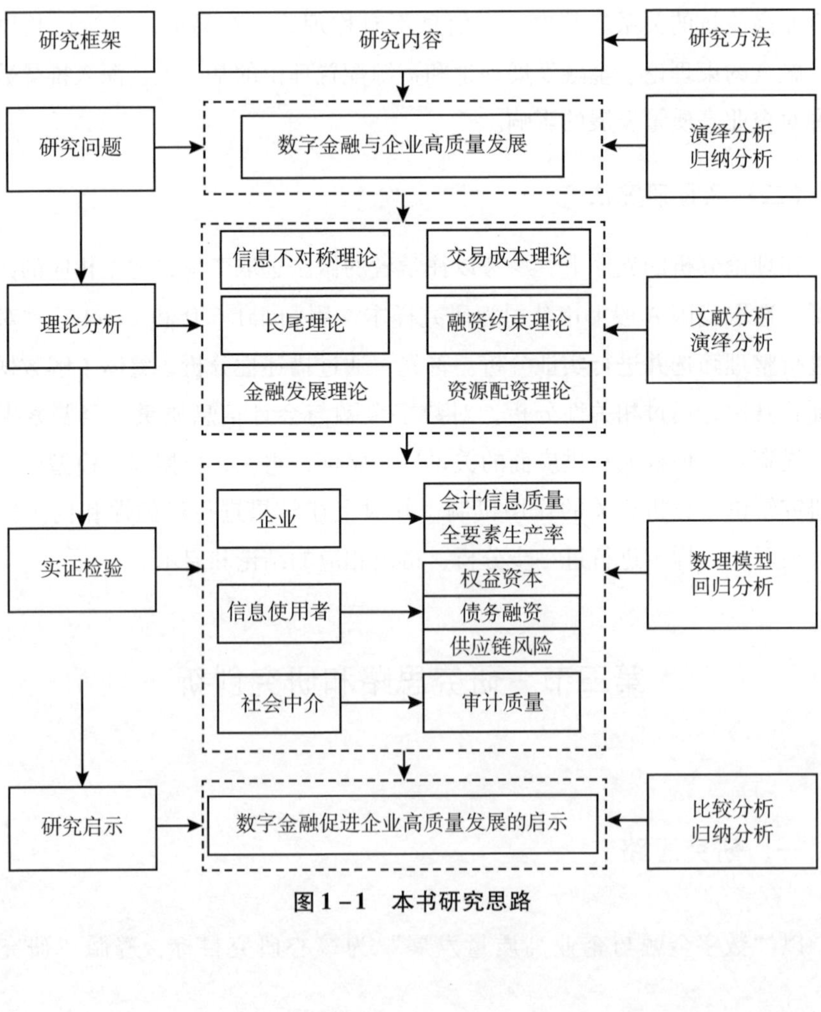

图 1－1　本书研究思路

二、研究创新

（一）研究视角创新

现有文献主要是关于数字金融宏观层面经济后果以及企业质量微观层面影响因素的研究，本书尝试从微观企业主体角度，在信息不对称理论、交易成本理论、长尾理论、融资约束理论、金融发展理论和资源配置理论等基础上，深入探讨数字金融对企业资源获取能力与配置效率的影响，系统分析数字金融对企业高质量发展的影响，这是对现有研究的有益补充和完善。

（二）研究内容创新

已有研究探讨了数字金融在宏观层面的经济后果，大多数学者认为数字金融有利于经济发展，本书从企业层面研究数字金融对会计信息质量、全要素生产率、信息使用者等方面的影响，在理论分析、实证检验的基础上提出研究观点与启示，是对数字金融和企业高质量相关研究内容的深化和拓展。

第二章

概念界定和理论基础

第一节　概念界定

一、数字金融

随着近年来数字技术的不断发展，“技术 + 金融”的组合产生了一些新的金融业态和模式，并被冠之以“互联网金融”“数字金融”“金融科技”等概念。互联网金融、数字金融与金融科技均体现了金融与技术的融合，都是基于数字技术的金融创新活动的概括。相对而言，互联网金融与数字金融和金融科技之间的差别较大，而数字金融与金融科技之间的差异则比较微小。互联网金融更多地被看作利用互联网技术和互联网平台开展金融活动，基于区块链、物联网等技术的创新金融模式则不能完全涵盖（王喆等，2021）；金融科技则更突出技术特性，强调新技术对金融业务的辅助、支持和优化作用（李文红和蒋则沈，2017）；数字金融更加中性，所覆盖面也更广泛一些，它是指由传统金融机构和网络企业运用各种数字化信息技术，进行融资、消费、投资等的新兴金融服务模式（黄益平和黄卓，2018）。因此，互联网金融侧重于金融服务模式创新，强调交易平台，金融科技侧重于技术创新和发展，更多地体现了科技属性，而数字金融同时体现了科技属性和金融属性，拥有更丰富的内涵，且更客观地反映了数字技术与传统金融服务业态的融合发展。数字金融将更进一步促进金融服务和共享经济、企业高质量发展的深度融合，一方面助力产业升级、企业技术创新、个人与企业财富增长等方面实现经济高质量发展；另一方面通过降低资源配置成本、提高服务普惠性、培育国民数字经济金融素养推进共享经济模式建设。

传统金融的服务渠道主要依赖固定的物理网点，这不仅降低了金融产品和服务的推广速度，削弱了对客户的存款吸引能力，也增加了客户贷款的信息搜寻成本。传统金融的服务对象大多为信用良好、资产规模较大的优质客户，为了增加获得这些客户的概率，传统金融设置的物理网点较多集中在经济发达城市，这也就限制了金融服务覆盖范围、降低了触达客户能力、加剧了金融供给的不平衡。传统金融的避险手段主要包括资产抵押以及限定资金使用用途，这种做法会将一些发展前景较好但资产规模较小的成长期企业排除在金融服务体系之外，甚至出现为了让过度负债企业偿还债务而不断增加信贷供给的资源沉淀现象。此外，传统金融风险管控方面也存在一些弊端。一方面，客户的信息采集和处理基本是通过人工收集，信息来源单一、信息内容标准化，导致无法精准评价客户的偿债能力和信用水平；另一方面，由于层级较多，无论是客户需求的调整，还是市场竞争的变化，管理层在信息传递和反馈的过程中都可能会出现沟通不畅的现象，降低了决策效果和执行效率。数字金融通过数字技术等手段可以提高金融信息服务的渗透性和普及性，将游离在传统金融服务体系之外的信贷资源转化为有效供给，同时降低传统金融的风险管控成本和企业的搜寻成本、交易成本以及资金使用成本，提升了传统金融的供给能力和服务水平，体现了数字金融的包容性、普惠性和精准性等特征。

二、会计信息质量

目前，国内外现有文献对会计信息质量的内涵尚未形成一个规范统一的观点。会计信息质量在现有研究中又被称为会计质量、信息质量、财务报告质量、收益质量等。葛家澍（2003）认为，会计信息的质量特征是对会计信息应具有的质量标准的具体说明或要求。席佩尔和文森特（Schipper and Vincent，2003）将财务报告质量定义为财务报表能在多大程度上提供对投资者和债权人的投资决策有用的信息。霍奇（Hodge，2003）将收益质量定义为报告的净收入与真实收益的差异程度。基尔森海特和梅尔曼德（Kirschenheiter and Melumad，2004）认为，高质量的收益是信息更丰富、更接近公司长期价值的收益。马蒂和卡斯佩尔斯尔娅（Martí and Kasperskaya，2015）认为，当财务报告按照普遍接受的会计准则真实、公平地反映公司的财务状况和业绩时，财务报告被认为是高质量的。马丁内斯（Martinez，2014）将财务报告质量定义为财务报告流程传达信息的真实性，使市场参与者充分知情，以便在投资、信贷等方面作出合理的决策。

实现高质量发展的前提是同外部进行高效的信息互换，高效的信息互换则依赖于高质量的会计信息。宏观层面，高质量的会计信息能够帮助市场优化资源配置。微观层面，高质量的会计信息能够帮助企业降低融资成本，提高创新绩效。在会计信息质量要求中，可比性是不可或缺的一部分，较高的可比性是高质量会计信息的重要前提。某一企业产生的会计信息能够与其他企业横向可比是会计信息可比性的内容之一。巴特等（Barth et al.，2012）的研究指出，更加可比的会计信息能够有效提高外部利益相关者的决策有用性。高可比的会计信息能够使信息使用者比较不同经济环境、不同经济实体间的相似与不同之处，将企业置身于网络中，甄别企业的优势与劣势，从而提高会计信息本身的使用价值。在数字经济蓬勃发展的当下，对企业会计信息可比性的要求也越来越高。因此，本书将采用会计信息可比性来衡量会计信息质量。

会计信息可比性是财务会计概念框架下重要的会计信息质量特征之一，是会计决策有用观的直接体现。会计信息可比性要求会计信息能反映经济活动之间的异同，以增强投资者对同一家公司不同时期或者同一时期不同公司财务信息的分析能力，进而提高资本配置效率（张晓和肖志超，2018）。

三、全要素生产率

生产率是衡量投入和产出之间关系的重要指标，是指由于单位投入产生的边际贡献，可依据投入数量分为单要素生产率和全要素生产率。单要素生产率是指假设其他要素投入不变，经济活动总产出与单一要素投入之比。但是，企业在生产过程中的产出实际上是多种要素共同作用的结果。企业全要素生产率是相对于单要素生产率而言的，指企业总产出中剔除要素投入带来的增长后的剩余部分（Solow，1956），被用于衡量企业发展水平（Brandt et al.，2012）。在同样的要素投入数量的前提下，企业的总产出越高，企业全要素生产率就越高；达到同样总产出时，全要素生产率高的企业所需要进行的要素投入就越少（Meilitz，2003）。在新古典生产理论中，企业全要素生产率指的是技术进步（Wu，2003）。程惠芳和陆嘉俊（2014）认为，全要素生产率是指总产出增长中无法由有形要素解释的部分，包括规模效应、技术进步等。蔡昉（2018）指出全要素生产率不仅包括技术进步，还包括制度创新、产业结构优化等资源配置效率。索洛（Solow，1957）首次将劳动、资本和技术作为总产出的解释变量，构建了生产函数模型。但是由于技术难以测量，他将总产出中剔除了劳动和资本导致的增长后的剩余定义为全要素生产率并界定为技术贡献，也称为索洛余值法。聂辉华和贾瑞雪（2011）认为，企业全要素生产率的增长主要由于企业效率的提高。程惠芳和陆嘉俊（2014）指出企业管理和资源利用效率的提升也是影响企业全要素生产率的重要因素。

四、权益资本

权益资本是企业股东用部分企业所有权来换取融资的一种方式，它可以扩大企业资本，吸引新的股东。权益资本成本是投资者对预期要承担的企业风险水平所要求的回报率，其本质是股权投资者对企业预期的未来现金流量进行贴现以确定当前股价的折现率（Solomon，1963），反映投资者对企业未来经营风险的预期和估计。作为普通股股东，投资者不仅享有企业的剩余收益，而且也是企业风险的最终承担者，其要求的报酬率是对企业的预期收益和风险权衡的结果，预期收益的不确定性越大，投资者要求的报酬率就越高。因此，资本资产定价模型（CAPM）认为，权益资本成本主要取决于投资者对企业未来现金流的风险预期，它与投资者预测的企业风险水平成正比，将权益资本成本定义为无风险收益加上企业的系统性风险水平与市场风险溢价的乘积。兰伯特等（Lambert et al.，2007）也指出，权益资本成本是投资者估计的企业风险水平的函数，其大小与企业自身的经营风险水平和信息风险有关。较低的经营风险水平意味着企业经营可持续性越好，其未来现金流的风险越低，投资者对该风险水平的预期就越低；而信息风险则影响投资者对企业风险估计的准确度，较低的信息风险意味着企业信息披露质量较高，投资者依据所掌握的信息对企业经营风险估计的误差较小，可以提高投资者估计的准确度，降低估计的不确定性，减小投资者预计的企业现金流方差以及企业与其他企业现金流之间的协方差，贝塔值减小，从而使权益资本成本较低。

关于权益资本成本的估计和度量，现有文献主要采用两种方法：第一种方法是事后资本成本估计方法，利用资本资产定价模型、套利定价模型（APT）或三因素模型（FFM）等计算平均已实现的收益率，作为企业未来预期收益率的无偏估计，用已实现的事后收益率作为权益资本成本的代理变量；第二种方法是事前资本成本估计方法，基于股票价格、短期与长期盈利预测数据利用剩余收益贴现模型计算的事前期望收益率，作为权益资本成本的代理变量（Echterling et al.，2015）。

五、债务融资

债务融资是指企业在生产经营过程中通过不同渠道获取资金，包括向银行或非金融机构出售债券和股权融资。债务融资到期必须偿还一定资金，企业在进行债务融资时要考虑融资方式、融资成本与债务融资结构，结合自身需求合理制订融资方案。债务融资能够帮助企业提高资金利用效率、优化股权结构，推动企业高质量发展。

债务融资成本是指企业进行融资时为获得资金使用权，而支付给贷款方的成本报酬，企业债务融资成本的高低也与自身财务行为和公司治理情况相关。首先，从社会责任角度观察，企业承担的社会责任越多表明其信誉较好、可靠性较高，而企业的信誉等级与债务融资成本之间存在反向关系，因此所需要付出的债务融资成本则相应较小。其次，在信息披露中，充分的信息披露能够使银行等外部机构及时了解企业情况，减少了信息不对称的弊端，增加了金融机构对企业的信任，进而减少债务融资成本。最后，站在内部控制角度分析，内部控制情况间接表现出企业的偿债能力、发展能力和盈利能力，内部控制较好的企业普遍具有较好的财务状况，因此内部控制风险越低则融资成本越低。

债务融资结构是指企业筹集资金过程中不同债务的构成以及各自所占比重，主要包括长期债务、短期债务等。长期债务的还款周期较长，给企业留有充足还款时间，短期债务的筹资成本较低较为简便灵活，不同行业、不同规模、资金流动性等对企业的债务融资期限均会产生显著影响，企业在进行投资融资决策时应根据自身实际情况合理搭配企业长期债务和短期债务的期限结构，这对其可持续发展至关重要。

六、供应链风险

供应链通常由核心企业和非核心企业构成，是为了满足客户需求而组成的一个具有网链式结构的有机系统，这个系统包括供应商、制造商、分销商、零售商和客户本身。但随着科技的迅速发展和经济全球化程度逐渐加深，供应链发展的复杂程度越来越高，再加上供应链上各个节点企业以自身利益最大化为目标，且供应链结构缺乏柔性，导致供应链的脆弱性比较明显。供应链风险是指在供应链运作过程中，供应链成员和其本身因遭受不确定因素的影响，导致供应链发展严重偏离预期目标，甚至造成供应链运行的破裂和失败（杨满意，2022）。同时，供应链风险也可称为供应链脆弱性，两者的概念能够互换使用，但需要注意供应链风险和供应链不确定的区别。风险是由于不确定性而导致的预期结果的偏离，高水平的不确定会导致高水平的供应链风险（Yate and Stone，1992），因此，不确定性比风险的范围更大。供应链风险具有不确定性、客观性和必然性、动态性、此消彼长性和复杂性的特征，了解和掌握这些特征对风险评估者高效识别供应链风险具有重要作用。

根据风险程度大小，供应链风险通常可以分为两大类：第一类是宏观层级风险，又称环境风险，是指不利且相对罕见的外部事件对企业造成负面影响的风险，包括自然风险（如火灾、地震、冰雪损耗等）和人为风险（如战争、恐怖袭击、政治动乱等）；第二类是微观层级风险，是指由整个供应链网络内部或成员企业内部之间的关系变动造成的风险（王艳，2022）。此外，微观层级风险又可以分为价格风险、供需风险和资金风险。一方面，制造商在进行生产决策时会对产品的生产数量和价格进行预测，但此预测常常与市场的运行情况不一致或有较大的差异，导致制造商面临生产成本上升或销售价格下降的风险，造成企业的亏损。另一方面，在销售商从制造商处购买产品再销售给消费者的过程中可能会面临消费者需求陡然下降的风险，致使销售商陷入商品积压或破产的困境，此时，销售商也会较少购买制造商产品。同时，由于销售商无法进行正常的经营活动，具有较高的经营风险，不利于企业对外树立良好社会形象，难以从银行等金融机构获得融资。

七、审计质量

审计质量是注册会计师行业的生命线，是会计师事务所生存发展的基础，因此，审计质量成为国内外众多学者研究的热点话题。国外学者对审计质量的研究比较早，德安杰洛（De Angelo，1981）认为，审计质量是指审计人员发现被审计单位具有违反会计准则行为并将该行为公布的概率。这一定义是将审计看作简单的报表编制和验证的关系，但随着学者对审计质量的深入研究，有些学者认识到审计师与企业经理人是相互作用的关系，即审计师在审计过程中发现被审计单位有重大错报与遗漏后，可以出具保留意见的审计意见敦促其改正，当被审计企业拒绝改正时再对其进行披露。雷曼（Ranman，2004）将审计质量定义为投资者希望审计师发现被投资企业会计信息中的重大错报或遗漏，并对其进行改正或披露的能力。同时，探讨审计质量应兼顾审计过程和审计结果，国内学者张龙平（1994）强调，审计质量是指审计工作的优良程度，即审计人员的素质和审计过程的质量高低最终决定审计服务产品质量的高低。孙宝厚（2008）从狭义和广义两个层面界定了审计质量。他认为，狭义上，审计质量是指审计结论与被审计事项的契合程度；广义上，审计质量是指审计结论对审计需求的满足程度。聂曼曼（2009）重新将审计质量定义为审计服务的一组具有特性整合起来的对会计信息可靠度的保证程度，他认为审计师的专业胜任能力、独立性等固有特征会影响审计质量。

由于会计师事务所的审计过程是一个“黑匣子”，因此，难以直接衡量审计质量，只能使用间接指标来衡量。根据现有文献研究，可以从审计前、会计信息和审计后三个维度来衡量审计质量。在审计前质量方面，一些学者采用市场份额（郑登津和闫天一，2016）、公司规模（狄灵瑜和步丹璐，2019）等来衡量审计质量。在会计信息质量方面，一些学者会利用会计稳健性（周兰和耀友福，2015）、客户企业财务报表（张宏亮和王法锦等，2018）、盈余管理（曹强和胡南薇，2019）等来衡量审计质量。在审计后质量方面，一些学者选择用审计费用（赵艳秉和张龙平，2017）、盈余反应系数（张俊生和汤晓建，2017）、非标准意见概率（陈运森和邓祎璐等，2018）等来衡量审计质量。

第二节　理论基础

一、信息不对称理论

信息不对称是指市场各参与主体掌握信息多少程度不同，以常见的市场交易为例，信息不对称是指更多的内幕信息、经营状况为卖家掌握，而买家对这方面的了解则相对匮乏，所以相对掌握信息比较多的一方会借助双方信息差来获取利益。阿克洛夫（Akerlof，1970）提出了信息不对称理论，他由“柠檬问题”引出了信息不对称理论，即对于买卖商品的卖家与买家来说，若二者不能充分获取对方信息，“劣币驱逐良币”的现象会比较严重，即商品市场中会大量存在着次品挤压高质量产品。

在企业的利益相关者之间信息不对称的原因可能是相关主体获取信息的方式、数量及质量有差异。企业的管理者往往属于信息优势方，比较清楚地了解企业各方面的信息，而相关的投资者、债权人只能凭借企业主动披露的信息及分析师跟踪预测相关信息来了解企业的经营状况，再加上企业会出于吸引投资而粉饰披露的相关报表，这也进一步导致了投资者、债权人获得的企业信息不可靠、不真实，使其属于信息劣势方。逆向选择与道德风险是信息不对称问题带来的不利后果。信息掌握较多的优势一方利用信息差诱导信息掌握较少的劣势一方签订不对等合同，这种签订合同前的不平等行为被称为逆向选择；在签订合同后，信息优势方也可利用信息差隐瞒信息劣势方，从事一些违反事先签订合同中约定的高风险、高收益活动，这就是道德风险。信息不对称程度过高会产生各种负面效果，不利于企业的发展。

随后很多研究都以信息不对称理论为基石展开探讨，如融资约束、信息透明度等问题。实际的资本市场相对不成熟，信息差在企业内外部之间广泛存在，企业对自身的盈利状况、经营现状、风险点了解较为清楚，而传统金融机构与其他个人作为外部投资者由于信息获取渠道单一、获取能力不足，难以充分掌握企业相关信息，此时由于信息不对称，企业获取外部融资贷款的难度较大，企业信息使用者可能会作出不理性的选择，而数字金融的兴起，使得金融机构可以通过风险识别判断以及与其他机构联网的方式了解到企业相关信息，信息使用者也能获得更多的信息，一定程度上解决各类企业融资难、融资贵和信息使用者不理性选择等问题。

二、交易成本理论

交易成本理论认为，由于存在经济人的有限理性、资产的专用性以及交易的不确定性等贸易摩擦，产权的初始安排会影响资源配置效率。按照交易过程的不同阶段，可以将交易成本分为信息搜寻成本、议价成本、契约成本和监督成本等。首先，在市场交易前需要找到买方和卖方，由此产生了信息中介，信息中介通过劳动分工集中收集买方和卖方的交易需求信息，提高了市场交易效率，而买方和卖方为了完成交易向信息中介支付的咨询费用则属于信息搜寻成本。其次，在交易的过程中，买方和卖方会因为自身的交易意愿、交易方式以及议价能力而影响交易价格，由此产生了议价成本。而为了降低交易的不确定性，包括对方违约带来的损失以及市场导致的价格波动，买卖双方会通过签订契约以保证交易的顺利进行。最后，在签订契约后，为了敦促合约各方积极履行契约内容，可能会产生相关的监督成本。因此，大多数学者认为交易成本的本质仍属于机会成本。

在传统的金融市场体系中，金融机构为了降低违约风险需要对企业的信用状况进行审核，企业为了进一步的经营发展也需要对外进行融资，因此，信用状况良好、信息披露质量较高的企业往往具备更强的议价能力。而为了保护自身对债权的收益权和索取权，金融机构也会与企业签订契约，并对企业的机会主义行为进行积极监督。数字金融某种程度可以降低交易的不确定性，从而降低交易成本，促进企业健康稳定发展。

三、长尾理论

长尾理论的首次出现是在2004年，是21世纪初出现的较为创新的理论。安德森（Anderson）分析亚马逊和Netflix等网络公司的销售数据得到结论，新型互联网产品与传统产品二者的需求曲线差距较大，互联网产品的需求曲线呈“长尾分布”的态势，是一条像较长的尾巴的曲线，该需求曲线头部表示在市场中需求比较旺盛、利润比较丰厚的商品类型，尾部则代表需求较小、利润空间小的未引起重视的冷门商品。牛瑞芳（2016）提出，长尾市场是一个利基市场，供给还未能满足市场需求，发展空间比较广阔。在各类产品竞争激烈的市场中，20%的热门头部商品与客户产生的利润非常有限，如若有相当充足的存储方式和销售途径，80%的冷门产品与客户叠加产生的市场效益可能会与热门产品持平甚至超过热门产品收益。数字金融的发展一定程度可以缓解传统金融机构存在的成本与收益两难问题，增加金融服务的普惠性：数字金融有成本费用较低、门槛值较低、覆盖面广泛的特质，可以以线上的形式向尾部用户提供金融服务，将一些原本在传统金融机构服务之外的用户拓展为数字普惠金融的新用户，同时数字金融加强了风险控制，提供征信基础给新的尾部客户，提高了金融服务效率（宋晓玲，2017）。

我国小微企业数量较多，与大型企业相比其往往面临着沉重的资金约束，所以小微企业是信贷需求的市场中的“长尾用户”。在以往的金融体系中，金融资源数量有限加之金融服务渠道和场景都比较狭窄，金融机构一般更倾向于为信息透明化、信用较高的大型企业供给贷款资金。赵青（2017）认为，中小微企业的发展在大数据、5G、物联网等众多数字化技术兴起的情况下得到助力，在传统金融市场中不被重视的小型微利企业可以获取更多的适合自身的金融产品与服务，出现了中小微企业信贷资金需求的“长尾”。王馨（2015）提出数字普惠金融在相当程度上缓解了企业的信贷配给程度，中小微企业的融资约束得到减轻。数字金融有助于资本市场的稳定和健康发展，促进企业高质量发展。

四、融资约束理论

融资约束是指企业的内外部融资方式存在成本差异（滕磊，2021）。融资约束的原因主要有以下两点：一方面，金融市场发育不够完善，存在信息不对称、委托代理成本和外部交易费用等问题，导致资金融通成本过高；另一方面，企业缺乏足够的抵押资产，导致金融机构因风险规避等提高对其放贷的成本，致使企业从外部获得资金所需支付的成本远远高于从内部获得资金所需支付的成本。

融资约束理论认为，数字金融发展有利于降低企业融资约束，而低融资约束又有助于驱动企业调整资本结构。郎香香等（2021）认为，数字金融通过拓宽融资渠道、降低融资成本和提高融资效率等途径缓解企业融资约束。具体而言，数字金融一方面能够弥补传统金融服务的不足，改善信贷资源错配，降低金融服务门槛，拓宽融资渠道，从而缓解融资约束（黄锐等，2020）。另一方面，邹伟等（2018）研究指出，数字金融作为一种替代性融资方式，相较于传统融资方式，能够有效减少信息收集成本、处理成本、风险评估成本和交易成本，从而降低企业融资成本。此外，数字金融不仅可以帮助企业建立信用记录，而且能够详细地搜集、挖掘、整理和分析企业的财务数据，整合企业以往的交易信息等，提高企业融资效率（Klapper et al.，2019），从而有助于企业高质量发展。

五、金融发展理论

金融发展理论认为金融的发展可以降低市场信息的收集成本，提高金融资源供给和项目资金需求的匹配程度，同时降低金融机构的风险管控成本和企业的贷款成本，促进资源配置，从而达到金融支撑经济发展的目的。目前关于金融发展理论的主流学派包括金融结构论、金融抑制和深化论、金融功能论。

金融结构论认为金融机构数量和金融工具规模是金融结构的主要构成部分，金融的发展与金融机构数量和金融工具规模密切相关，能够通过提高储蓄率和投资水平促进经济增长。在理论上，金融机构数量越大，金融工具规模越大，金融发展水平也就越高，对经济发展的促进作用也会越强。而从绝对数量的角度而言，一国的经济发展水平与其金融机构数量和金融工具规模呈正相关。金融抑制和深化论主要关注金融抑制行为对居民储蓄和企业投资的影响。以发展中国家为实验场景，研究发现严格的信贷政策、较低的存款利率等措施降低了居民的储蓄意愿和企业的借款需求，致使社会整体的储蓄率水平和资金配置效率均未达到最优。因此，金融抑制和深化论主张推进利率市场化进程，提高社会整体的储蓄率和投资效率，促进金融对实体经济发展的推动作用。金融功能论则认为可以通过不断完善金融体系的基本功能来推动经济的发展，包括降低交易成本、风险管控和提高市场流动性等。而对数字金融与企业高质量发展的探讨进一步深化了金融发展理论，拓展了金融结构论、金融抑制和深化论以及金融功能论的相关内容，有效丰富了金融发展理论。

六、资源配置理论

资源是指社会经济活动中人力、物力和财力的总和，是社会经济发展的基本物质条件。资源配置是指对相对稀缺的资源在各种不同用途上加以比较作出的选择。在社会经济发展的一定阶段上，相对于人们的需求而言，资源总是表现出相对的稀缺性，从而要求人们对有限的、相对稀缺的资源进行合理配置，以便用最少的资源耗费，生产出最适用的商品和劳务，获取最佳的效益。资源配置合理与否，对一个国家经济发展的成败具有极其重要的影响。社会资源的配置是通过一定的经济机制实现的：（1）动力机制，资源配置的目标是实现最佳效益，在资源配置是通过不同层次的经济主体实现的条件下，实现不同经济主体的利益，就成为它们配置资源的动力，从而形成资源配置的动力机制。（2）信息机制，为了选择合理配置资源的方案，需要及时、全面地获取相关的信息作为依据，而信息的收集、传递、分析和利用是通过一定的渠道和机制实现的，如信息的传递可以是横向的或者是纵向的。（3）决策机制，资源配置的决策权可以是集中的或分散的，集中的权力体系和分散的权力体系，具有不同的权力制约关系，因而形成不同的资源配置决策机制。

在市场经济体制下，市场机制是资源配置的决定性力量。但市场配置资源客观上存在不足，不可能使资源配置尽善尽美。当一定时期资源配置出现问题，地区结构、产业结构、市场结构、企业结构存在失衡时，国家可通过财政政策，将掌握或控制的资源转移分配到急需发展的领域，使经济结构符合生产力发展的要求。资源配置合理，就能节约资源，带来巨大的社会经济效益；资源配置不合理，就会造成社会性资源浪费。随着经济和社会的发展，对资源的需求在增加，而大多数资源是有限的，不能再生。因此，合理配置资源，使资源得到有效使用是经济发展的一项重大任务。数字金融可以突破地区结构、产业结构和市场结构的限制，合理配置资源，为企业高质量发展保驾护航。

第三章

数字金融与企业会计信息质量

第一节 引　　言

习近平总书记在党的二十大报告指出，高质量发展是全面建设社会主义现代化国家的首要任务，要坚持以推动高质量发展为主题。实现高质量发展的前提是同外部进行高效的信息互换，高效的信息互换则依赖于高质量的会计信息。宏观层面，高质量的会计信息能够帮助市场优化资源配置。微观层面，高质量的会计信息能够帮助企业降低融资成本，提高创新绩效。在会计信息质量要求中，可比性是不可或缺的一部分，较高的可比性是高质量会计信息的重要前提。某一企业产生的会计信息能够与其他企业横向可比是会计信息可比性的内容之一。巴特等（2012）的研究指出，更加可比的会计信息能够有效提高外部利益相关者的决策有用性。高可比的会计信息能够使信息使用者比较不同经济环境、不同经济实体间的相似与不同之处，将企业置身于网络中，甄别企业的优势与劣势，从而提高会计信息本身的使用价值。在数字经济蓬勃发展的当下，对企业会计信息可比性的要求也越来越高。因此，本书主要从会计信息质量特征的可比性视角出发，探析数字金融对企业会计信息可比性的影响。

数字金融是指由传统金融机构和网络企业运用各种数字化信息技术，进行融资、消费、投资等的新兴金融服务模式。相比传统金融，数字金融更具包容性、普惠性和精准性，弥补了传统金融的不足，有力地保障了实体经济的资金需求，为实体经济发展提供新的助力。“十三五”期间，数字金融已在对金融业的重塑与再造中充分印证了自身价值。2022 年中央全面深化改革委员会第二十四次会议审议通过了《推进普惠金融高质量发展的实施意见》，会议同时强调，要深化金融供给侧结构性改革，把更多金融资源配置到重点领域和薄弱环节，拓宽直接融资渠道，有序推进数字普惠金融发展，要完善普惠金融政策制定和执行机制，健全普惠金融基础设施、制度规则、基层治理，加快完善风险分担补偿等机制，促进形成成本可负担、商业可持续的长效机制。可以说，数字金融已成为国家经济发展的重要助推器。

数字金融在促进宏观经济良性循环的同时也切实推动了微观主体的健康发展。一方面，企业的发展离不开资金的支持，数字金融具有激励效应，能够为企业提供充足资金，缓解企业的融资约束，抑制企业盈余管理。另一方面，数字金融也具有信息效应，能够缓解企业信息不对称，提高企业透明度，从而提高会计信息质量。会计信息可比性是会计信息质量的重要指标，那么数字金融是否可以帮助企业提高会计信息的可比性呢？为了回答这一问题，本章以 2011 ~ 2021 年我国 A 股上市公司为研究样本，探究数字金融与会计信息可比性之间的关系。研究发现，数字金融具有提升效应，能够提高企业会计信息可比性。机制研究表明，数字金融通过改善企业内部控制、促进企业数字化转型和抑制真实盈余管理来发挥其对会计信息可比性的提升效应。异质性检验证实了数字金融的提升效应在企业性质、经济政策不确定性和市场化程度不同的情况下会有所不同。

本章的研究贡献在于：（1）丰富了数字金融的经济后果研究。有关数字金融与会计信息之间的研究相对较少，本章从数字金融入手逐步探究其对会计信息可比性的影响，同时从数字金融维度、不同企业特征、经济政策不确定性和市场化程度等方面探究了数字金融对会计信息的影响程度，拓展了数字金融的经济后果研究。（2）拓展了会计信息可比性的研究视角。本章结合数字金融高速发展的大背景，研究其对会计信息可比性的影响，为会计信息可比性研究提供了多样化的视角。（3）探究了数字金融对企业会计信息可比性影响的作用机制。本章在机制检验中结合已有研究，为数字金融对企业信息影响提供了内部控制、数字化转型和真实盈余管理的作用机制，为后续研究提供了借鉴。

第二节　文献综述

一、数字金融

随着我国数字技术的进步，金融数字化改革深入进行，数字金融的发展进入了加速发展的提质增效阶段，正是在这种背景下，数字金融成为学者们研究的热点话题。从研究的视角看，中外学者的研究大致可分为对宏观经济的影响和对微观主体的作用。

数字金融对宏观经济产生了有益影响。数字金融在其发展过程中已经验证了其对经济的促进作用。首先，收入与消费方面，已有研究表明，数字金融可以促进就业、缩小城乡收入差距、提高居民消费。张勋等（2019）的研究指出，数字普惠金融的发展能够促进包容式增长。其次，产业结构调整方面，唐文进等（2019）基于我国283个地级以上市的数据，实证检验了数字金融与产业结构升级的关系，研究表明，数字金融可以促进产业结构升级。郭守亭和金志博（2023）基于以往研究，进一步指出，数字金融对产业结构升级的影响具有空间溢出效应。再次，脱贫攻坚和乡村振兴方面，2020年我国全面脱贫攻坚完成后，乡村工作进入全面振兴的新阶段，数字金融因其特有的普惠性和便利性，有力地推动了乡村振兴。最后，实现“双碳”目标方面，蔡等（Cai et al.，2022）基于我国数据发现，数字金融具有显著的“碳减排”效应。

数字金融为企业的发展提供了助力。首先，数字金融为企业开拓了新的融资渠道。数字金融相比传统金融具有普惠、便捷和高效等特点，能够缓解融资约束，减少盈余管理行为和降低杠杆率，为企业发展提供充足的资金，解决了企业融资难题。其次，数字金融为增强企业竞争力提供支持。唐松等

（2020）研究表明，数字金融可以很好地校正传统金融中存在的“属性错配”“领域错配”“阶段错配”问题，从而展现出更强的企业技术创新驱动效果。冯等（Feng et al.，2022）进一步研究发现数字金融也能够激励企业绿色创新行为。同时，企业数字化转型是数字经济背景下，企业转型升级的重要方向。数字化转型同样需要资金的支持，因此数字金融与数字化转型间的关系也受到学者们的关注。肖红军和阳镇（2022）研究发现，数字金融通过缓解融资约束、强化创新投入、改善金融错配的方式推动企业的数字化转型。王宏鸣等（2022）的研究也指出，数字金融能够赋能企业数字化转型。最后，数字金融助推企业治理水平的提高。杜善重（2022）基于家族企业非家族股东的视角，研究发现数字金融具有公司治理效应，能够提升企业治理水平，改善企业内部控制质量。孟茂源和张广胜（2022）的研究表明，数字金融可以降低信息不对称，提高企业信息透明度，优化企业治理水平。

二、会计信息可比性

会计信息可比性是衡量会计信息质量的重要指标之一。较高的会计信息可比性能够帮助企业决策，推动企业高质量发展。学术界对会计信息可比性的研究可分为影响因素和经济后果两方面。

会计信息可比性的影响因素主要为外部和内部两方面。一方面，企业在生产经营过程中同外部进行频繁的信息交换活动，因此外部因素会对会计信息可比性产生重要影响。首先，市场环境影响会计信息可比性。袁知柱等（2017）研究发现，产品市场竞争与会计信息可比性显著负相关，激烈的市场竞争会导致管理者提供可比性较低的会计信息。刘焱等（2020）基于“沪港通”的经验证据发现资本市场开放有力地提高了企业会计信息的可比性。其次，外部监督影响会计信息可比性。翟淑萍等（2020）研究发现，交易所的财务报告问询函能提高收函公司的会计信息可比性。林钟高和李文灿（2021）进一步研究了监管模式与会计信息可比性之间的关系，结论表明相对于辖区监管模式，分行业监管模式能显著提升会计信息可比性，而且在受到重点监管和发布信息披露指引的行业内公司效果更好。最后，学者们也从会计师事务所和注册会计师的角度对会计信息可比性进行了深入探究。潘临等（2019）研究发现，签字注册会计师执业经验也会对企业会计信息可比性产生显著影响，即其经验越丰富，会计信息可比性越高。另一方面，企业自身特征和行为模式也是会计信息可比性的重要影响因素。梅丹（2017）和王迪等（2019）研究发现，提高内部控制质量有助于改善企业会计信息可比性。钟廷勇等（2022）和聂兴凯等（2022）同时研究了企业数字化转型对会计信息可比性的影响，结果均表明，企业进行数字化转型与会计信息可比性显著正相关。此外，现有研究表明管理层薪酬、机构投资者均会对会计信息可比性产生影响。

会计信息可比性的经济后果也是学者们较为关注的话题。江轩宇等（2017）研究发现，会计信息可比性与企业创新显著正相关，较高的会计信息可比性会促进企业创新。杨等（Yang et al.，2021）研究了会计信息可比性与投资效率之间的关系，研究结果表明，会计信息可比性越高，投资效率越高。此外，已有研究表明，较高的会计信息可比性能够帮助企业降低债务融资成本和提高企业劳动力投资效率。

综上所述，学术界对会计信息可比性的研究取得了丰富的成果，但诸多影响因素中，数字金融尚未被学者们所关注。因此，在数字金融深入发展的情况下，有必要探讨数字金融与会计信息可比性之间的关系。

第三节　理论分析与研究假设

金融是经济发展的“血脉”，数字金融很好地弥补了传统金融的不足，在为企业发展提供助力的同时，也深刻地影响了企业的经营管理活动，进而对会计信息可比性产生影响。本章将从内部控制、数字化转型和真实盈余管理三个维度出发，分析数字金融对会计信息可比性的影响。

首先，数字金融会增强企业内部控制，为会计信息可比性的改善提供良好的内部保障。内部控制是企业治理的重要机制，其目标在于提升会计报告的可靠性，而会计报告的可靠性正是信息可比性的前提和保障。因此，高质量的内部控制有助于提高企业会计信息可比性。随着数字金融的深入发展，企业内部控制质量也随之改变。一方面，数字金融依托互联网、大数据等新技术的运用，改变了金融资源的配置形式，使企业获取金融信息更加便捷高效，对市场信息的判断更加准确，提高了企业的管理水平。信息与沟通正是内部控制的重要组成部分，数字金融本身具有的信息效应能够加强企业与外部的信息交换，降低信息不对称，使企业的信息沟通渠道更加畅通。另一方面，数字金融使得资金的流动更加快速，优化了资金的配置，保障了企业日常活动的资金需求，有助于企业持续健康发展，从而提升企业的内部控制水平。此外，数字金融及其相关新技术的运用，能够整合企业内部控制的有效信息，对提升运用效率、降低运营风险具有积极作用。基于以上逻辑，本章认为，数字金融会提高企业内部控制质量，从而发挥其对会计信息可比性的提升效应。

其次，数字金融推动企业数字化转型，为提高会计信息可比性提供技术保障。数字化是企业在数字经济背景下，增强自身竞争力的重要手段。数字化转型使得企业能够运用数字技术强化信息获取、分析和传递等方面的能力，提高企业会计信息质量。基于上述逻辑，数字化转型势必能够增强提升企业会计信息可比性。数字金融通过新技术的运用赋能企业数字化转型。一方面，数字金融实现了金融资源的优化配置，提高了金融对微观主体的覆盖程度和包容性，改善了金融资源错配，缓解了企业的融资困境，为数字化转型提供了必要的资金支持。另一方面，数字金融基于“云计算”和“大数据”技术的运用，以较低的成本帮助企业处理海量信息，缓解了信息不对称问题，降低了数字化转型过程中的信息处理成本，提升了企业甄别数字化转型最优路径的能力。因此，数字金融能够通过促进企业数字化转型来提升会计信息的可比性。

最后，数字金融抑制企业真实盈余管理活动，为提高会计信息可比性提供监督保障。在数字经济的大背景下，企业面临激烈的市场竞争环境，容易产生流动性风险，进而产生较强的盈余压力。在这种压力下，企业管理层为达到预期目标，很可能选择不合理的会计政策进行盈余管理活动以操纵利润，增加了企业与外部的信息不对称性，阻碍了信息的传递，进而降低会计信息可比性。数字金融的激励效应和信息效应有助于提升企业信息透明度，缓解企业资源困境，进而影响企业盈余管理程度。一方面，数字金融依托大数据等技术提高了企业透明度并为企业发展提供了充足的资金，削弱了盈余管理的动机。另一方面，数字金融等金融科技的运用增强了信息收集和处理能力，强化了企业与外界的沟通，对管理层违规行为形成有效制约，从而约束盈余管理行为。因此，数字金融能够通过抑制盈余管理的方式发挥其对会计信息可比性的提升效应。基于上述分析，提出假设 3－1。

假设 3－1：在其他条件一定的情况下，数字金融与企业会计信息可比性显著正相关，即数字金融可以提升企业会计信息的可比性。

第四节 研究设计

一、样本选取和数据来源

考虑到数据的可获得性和更新频率，以 2011～2021 年我国 A 股上市公司为研究样本，被解释变量为企业会计信息可比性，解释变量为数字金融指数。参考唐松等（2020）的做法，对数据进行了如下处理：（1）剔除金融行业企业；（2）剔除样本中 ST 与 *ST 的企业；（3）剔除所有者权益为零或负，以及相关变量缺失的样本，最终得到 15512 个观测值。数字金融数据来自北京大学互联网金融研究中心课题组发布的《数字普惠金融指数》，其余数据来自 CSMRA、Wind 数据库。为避免异常值的影响，对所有主要变量进行了上下 1% 的 Winsorize 缩尾处理。

二、变量定义与说明

（一）被解释变量

会计信息可比性。不同企业在相同业务环境下产生的财务信息的相似性是会计信息可比性的内容之一。在相同业务环境下，企业间会计信息越相似则会计信息可比度越高，反之，会计信息可比度低。本章参考弗兰克等（Franco et al.，2011）和聂兴凯等（2022）的做法度量会计信息可比性，具体做法如下：

首先，利用企业 i 第 t 期前连续 16 个季度的数据估计公式（3－1）。

$$Earnings_{i,t} = \alpha_i + \beta_i Return_{i,t} + \varepsilon_i \tag{3-1}$$

其中，$Earnings_{i,t}$为企业季度净利润与期初权益市场价值的比值，$Return$为企业季度股票回报率。通过回归计算得到各企业的会计转换函数 $\hat{\alpha}_i$、$\hat{\beta}_i$。

其次，利用公式（3－2）、公式（3－3）分别计算企业 i 和企业 j 的预期盈余。

$$E(Earnings)_{iit} = \hat{\alpha}_i + \hat{\beta}_i Return_{i,t} \tag{3-2}$$

$$E(Earnings)_{ijt} = \hat{\alpha}_j + \hat{\beta}_j Return_{i,t} \tag{3-3}$$

其中，$E(Earnings)_{iit}$表示企业 i 在期间 t，依据其函数和股票收益计算得到的预期盈余，$E(Earnings)_{ijt}$表示企业 j 在期间 t，依据其函数和股票收益计算得到的预期盈余。

再次，利用公式（3－4）计算企业 i 和企业 j 的会计信息可比性。

$$Comp_{i,j,t} = -\frac{1}{16} \times \sum_{t-15}^{t} \left| E(Earnings)_{iit} - E(Earnings)_{ijt} \right| \tag{3-4}$$

其中，$Comp_{i,j,t}$为企业 i 和企业 j 预期盈余绝对值差异均值的相反数。

最后，依据上述方法利用公式（3－5）计算企业 i 与同行业内其他企业的会计信息可比性，然后取平均值作为企业 i 的会计信息可比性。

$$Comp_{i,t} = \frac{1}{N-1} \times \sum_{j=1}^{N(j \neq i)} (Comp_{i,j,t}) \tag{3-5}$$

（二）解释变量

数字金融。利用北京大学互联网金融研究中心课题组编制的《数字普惠金融指数》，该指数以蚂蚁金服提供的数据为基础，衡量了我国 31 个省份（未核算中国的港、澳、台地区）、337 个地级以上城市的数字金融发展程度。本章参考唐松等（2020）、肖红军和阳镇（2022）的做法，以省一级层面口径的数字金融发展指数作为数字金融的代理变量，同时为了消除量纲影响，本章对数字金融发展指数做取对数处理。此外，以市一级层面口径的数字金融发展指数作为替代解释变量对假设进行稳健性检验。

（三）控制变量

参考唐松等（2020）和聂兴凯等（2022）的已有研究，主要控制了以下变量：企业规模、杠杆率、总资产净利率、企业成立年限、企业增长率、两职合一、产权性质，此外，还控制了年份变量和行业变量。

相关变量的具体定义见表3－1。

表3－1　　变量定义

变量类型	变量名称	变量符号	变量说明
被解释变量	会计信息可比性	*Comp*	企业 i 与同年同行业其他企业会计信息可比性的均值
解释变量	数字金融	*Dif*	数字普惠金融指数的自然对数
控制变量	杠杆率	*Lev*	年末总负债除以年末总资产
	总资产净利率	*Roa*	净利润/总资产平均余额
	企业成立年限	*FirmAge*	ln(当年年份－成立年份＋1)
	企业增长率	*Growth*	本年营业收入/上一年营业收入－1
	两职合一	*Dual*	董事长与总经理是同一个人为1，否则为0
	产权性质	*Soe*	国有控股企业取值为1，其他为0

三、模型设计

为了检验数字金融是否能够提升企业会计信息可比性，构建模型（3－6）：

$$Comp_{i,t}=\beta_0+\beta_1 Dif_{i,t}+\Sigma\beta\times Controls_{i,t}+\Sigma Year+\Sigma Ind+\varepsilon_{i,t} \quad (3-6)$$

其中，*Comp* 表示企业会计信息可比性；*Dif* 表示数字金融指数；*Control* 表示控制变量；*Year* 和 *Ind* 分别表示年份和行业，下标 i 和 t 分别表示企业和时间。若模型（3－6）中的 β_1 显著为正则可验证假设3－1，表明地区数字金融的发展有利于提高企业会计信息可比性。在下面的回归中使用稳健标准误以使结果更加客观准确。

第五节　实证结果与分析

一、描述性统计

表3－2报告了描述性统计的结果。从表3－2中可以看出，会计信息可比性（*Comp*）均值和中位数分别为－0.0114和－0.0098，最小值为－0.0398，最大值为－0.0039。这与聂兴凯等（2022）的结论大致相同，我国不同企业间确实存在会计信息可比性的差异。数字金融指数（*Dif*）的均值为5.4325，中位数为5.5792，最小值和最大值分别为3.4868和6.0683，表明我国不同地区的数字金融发展程度不一，数字金融尚处于深入发展阶段。其余控制变量描述性统计结果与已有研究（唐松等，2020；钟廷勇等，2022）基本一致，不再赘述。

表3－2　　描述性统计

变量	样本数	均值	中位数	标准差	最小值	最大值
Comp	15512	－0.0114	－0.0098	0.0060	－0.0398	－0.0039
Dif	15512	5.4325	5.5792	0.5435	3.4868	6.0683
Size	15512	22.4939	22.3196	1.2844	19.9515	26.2116
Lev	15512	0.4592	0.4583	0.2017	0.0694	0.8900
Roa	15512	0.0356	0.0327	0.0604	－0.2298	0.2130
FirmAge	15512	2.9367	2.9957	0.2859	2.0794	3.5264
Growth	15512	0.1274	0.0797	0.3486	－0.5431	3.5264
Dual	15512	0.2223	0.0000	0.4158	0.0000	1.0000
Soe	15512	0.4597	0.0000	0.4984	0.0000	1.0000

二、回归分析

采用 OLS 对模型（3－6）进行回归，结果见表 3－3。为了检验数字金融对会计信息可比性的直接影响，表 3－3 中第（1）列仅控制了年份与行业固定效应，数字金融与企业会计信息可比性的系数为 0.0018，在 1% 的水平上显著正相关，表明数字金融确实提高了企业会计信息可比性，假设 3－1 得到验证。表 3－3 中第（2）列为控制了所有控制变量的回归结果，数字金融与企业会计信息可比性的系数为 0.0006，在 5% 的水平上显著正相关，即数字金融对会计信息可比性具有提升效应。在增加控制变量后调整 R^2 由 0.220 增至 0.356，模型拟合程度得到提高。其余控制变量与已有研究结论相似。

表 3－3　　回归结果

变量	(1) *Comp*	(2) *Comp*
Dif	0.0018*** (6.68)	0.0006** (2.57)
Size		－0.0012*** (－24.18)
Lev		－0.0028*** (－9.51)
Roa		0.0199*** (17.43)
FirmAge		－0.0009*** (－5.76)
Growth		0.0007*** (5.82)
Dual		0.0001 (0.71)

续表

变量	(1) *Comp*	(2) *Comp*
Soe		-0.0003 *** (-3.63)
_cons	-0.0165 *** (-15.43)	0.0167 *** (10.81)
Year	Yes	Yes
Ind	Yes	Yes
N	15512	15512
调整 R^2	0.220	0.356

注：** 和 *** 分别表示在 5% 和 1% 水平上显著；括号内为 t 值。

三、稳健性检验

(一) 替换被解释变量

为了提高本章研究结论的稳健性，参考胥朝阳和刘睿智（2014）的研究，采用前述计算会计信息稳健的方法，计算企业 *i* 与同行业其他企业的会计信息可比性，然后将计算出的可比性值按从大到小排序，取前 4 个值的平均值作为企业 *i* 的会计信息可比性测度值，记为 *Comp2*。将 *Comp2* 作为 *Comp* 的替代变量进行回归，结果见表 3-4 中第（1）列。由表 3-4 可以看出，替换被解释变量后，数字金融（*Dif*）与企业会计信息可比性的系数为 0.0003，在 10% 的水平上显著，说明前面得出的研究结论具有稳健性。

表 3-4　　稳健性检验

变量	(1) *Comp2*	(2) *Comp*	(3) *Comp*
Dif	0.0003 * (1.80)		

续表

变量	(1) *Comp2*	(2) *Comp*	(3) *Comp*
Dif2		0.0000 *** (4.66)	
L. Dif			0.0001 *** (3.84)
Size	-0.0006 *** (-22.01)	-0.0012 *** (-24.22)	-0.0012 *** (-24.40)
Lev	-0.0023 *** (-11.99)	-0.0028 *** (-9.56)	-0.0029 *** (-9.68)
Roa	0.0152 *** (20.52)	0.0199 *** (17.41)	0.0199 *** (17.48)
FirmAge	-0.0006 *** (-5.91)	-0.0009 *** (-5.55)	-0.0010 *** (-6.12)
Growth	0.0003 *** (4.22)	0.0007 *** (5.79)	0.0007 *** (5.93)
Dual	0.0001 (1.31)	0.0001 (0.52)	0.0001 (0.93)
Soe	-0.0001 * (-1.77)	-0.0003 *** (-3.49)	-0.0004 *** (-4.14)
_cons	0.0100 *** (10.36)	0.0186 *** (16.04)	0.0197 *** (17.14)
Year	Yes	Yes	Yes
Ind	Yes	Yes	Yes
N	15512	15512	15512
调整 R^2	0.232	0.356	0.356

注：* 和 *** 分别表示在 10% 和 1% 水平上显著；括号内为 t 值。

（二）替换解释变量

参考唐松等（2020）的做法，利用《数字普惠金融指数》中的地市一级口径的数字金融数据（记为 *Dif*2）作为替代解释变量对模型（3－6）进行回归，结果见表3－4中第（2）列。由表3－4结果可知，数字金融（*Dif*2）在1%的水平上显著（由于保留四位小数，四舍五入后系数变为0.0000），证明数字金融确实有助于提高企业会计信息可比性，前面得出的研究结论是稳健的。

（三）解释变量滞后一期

为了缓解互为因果和样本偏差带来的内生性问题，参考肖红军和阳镇（2022）的做法，对数字金融做滞后一期处理，记为 *L. Dif*。回归结果见表3－4中第（3）列。结果表明，在使用滞后一期的数字金融进行回归后，其系数为0.0001，在1%的水平上显著，再次验证前面得出的研究结论具有稳健性。

（四）工具变量

在前述的稳健性和内生性检验中，对核心解释变量进行滞后一期处理，力求尽可能地消除反向因果导致的内生性问题。但即便如此，回归方程依然存在遗漏变量或测量误差导致的内生性问题，基于此，本章参考谢绚丽等（2018）和解维敏等（2021）的研究，使用各省互联网普及率（*Internet*）作为工具变量对内生性问题进行处理。回归结果见表3－5中第（1）列。由表3－5的结果可知，在使用工具变量后缓解内生性问题后，数字金融对会计信息可比性的影响在10%的水平上正向显著，验证了数字金融对会计信息可比性的提升效应。此外，还对工具变量做了不可识别检验和弱工具变量检验，其中LM统计量p值为0.0000，弱工具变量Wald－F统计量大于所有临界值，检验结果表明工具变量的选取是有效的。

表 3－5　　　　　　　　　　　　**内生性检验**

变量	(1) *Comp*	(2) *Comp*
Dif	0.0006* (1.82)	0.0012* (1.68)
Size	−0.0012*** (−24.25)	−0.0013*** (−13.52)
Lev	−0.0028*** (−9.49)	−0.0027*** (−4.72)
Roa	0.0199*** (17.45)	0.0174*** (8.24)
FirmAge	−0.0009*** (−5.77)	−0.0010*** (−3.10)
Growth	0.0007*** (5.82)	0.0010*** (4.00)
Dual	0.0001 (0.71)	−0.0001 (−0.75)
Soe	−0.0003*** (−3.63)	−0.0004** (−2.31)
_cons	0.0167*** (9.07)	0.0188*** (4.91)
Year	Yes	Yes
Ind	Yes	Yes
N	15512	4656
调整 R^2	0.356	0.359

注：*、** 和 *** 分别表示在 10%、5% 和 1% 水平上显著；括号内为 t 值。

（五）倾向得分匹配

前面采取的替换解释和被解释变量等方法，确实在一定程度上缓解了内生性问题，提高了研究结论的稳健性，但仍可能存在自选择问题。我国幅员辽阔，地区经济发展存在较大差异，市场化和数字化程度不同，导致数字金融呈现不平衡发展状态，已有研究也表明东部地区的数字金融相比西部地区更加发达，使用也更加广泛。同时，由于我国市场改革是一个渐进式深入的过程，东部地区较早地进行了市场化改革，其数字金融的发展程度也较好。此外，东部地区企业在经营管理方面相比于非东部地区企业更有优势，这些因素可能导致数字金融存在一定的选择效应。

为了缓解这个问题，参考解维敏等（2021）的研究，首先，将企业分为东部地区企业和非东部地区企业，其中东部地区包括北京、天津、河北、山东、江苏、上海、浙江、福建、广东、海南（港、澳、台地区不在统计范围内）。其次，使用倾向得分匹配（PSM）方法对非东部地区企业和东部地区企业进行匹配。将非东部地区设为处理组，将东部地区设为控制组，选取企业规模（*Size*）、杠杆率（*Lev*）、总资产净利率（*Roa*）、企业成立年限（*FirmAge*）和成长率（*Growth*）为协变量，按照1∶1最近临匹配法进行匹配。最后，将处理后的变量进行回归分析，进一步检验数字金融对企业会计信息可比性的影响，结果见表3－5中第（2）列。结果显示，数字金融与企业会计信息可比性在10%的水平上正向显著，再次证明了前面的研究结论，即数字金融能够提高企业会计信息可比性。

四、进一步分析

本章前面的研究表明，数字金融能够提升会计信息可比性，为了更加深入地研究数字金融与会计信息可比性的关系，本部分将从数字金融维度、机制和异质性三方面入手进一步分析二者之间的关系。

（一）数字金融维度

为了更加精准地刻画数字金融对会计信息可比性的影响，参考唐松等（2020）和李小玲等（2020）的研究，将数字金融指数降维至覆盖广度（*Dif_Breadth*）和使用深度（*Dif_Depth*）两个层面。覆盖广度反映了地区使用电子账户等的人数，刻画了地区的金融环境；使用深度反映了地区数字金融服务的使用程度，刻画了地区数字金融服务能力。对覆盖广度和使用深度与会计信息透明度分别做了分析，结果如表3－6所示。

表3－6　　　　数字金融维度回归

变量	(1) *Comp*	(2) *Comp*
Dif_Breadth	0.0004 *** (2.74)	
Dif_Depth		0.0003 (1.21)
Size	－0.0012 *** (－24.19)	－0.0012 *** (－30.17)
Lev	－0.0028 *** (－9.52)	－0.0029 *** (－10.70)
Roa	0.0199 *** (17.44)	0.0199 *** (26.53)
FirmAge	－0.0009 *** (－5.77)	－0.0009 *** (－5.79)
Growth	0.0007 *** (5.81)	0.0007 *** (5.83)
Dual	0.0001 (0.73)	0.0001 (0.75)
Soe	－0.0003 *** (－3.66)	－0.0003 *** (－3.66)
_cons	0.0176 *** (13.31)	0.0181 *** (13.78)
Year	Yes	Yes

续表

变量	(1) *Comp*	(2) *Comp*
Ind	Yes	Yes
N	15512	15512
调整 R^2	0.356	0.355

注：*** 表示在1%水平上显著；括号内为t值。

表3－6中第（1）列和第（2）列分别列示数字金融覆盖广度和使用深度。从回归结果看，只有覆盖广度对会计信息可比性的影响显著为正，使用深度不显著。数字金融提高会计信息可比性主要由数字金融覆盖广度发挥作用，数字金融使用深度不会对信息可比性产生显著影响。数字金融覆盖广度刻画了地区的金融环境，地区金融环境越好，企业更容易获得充裕的资金，改善内部控制，加强数字化转型和抑制盈余管理行为，进而提高企业的会计信息可比性。由于我国数字金融尚处于发展阶段，提高覆盖广度仍是首要任务，且金融环境的改善可以从多个方面对企业产生影响，与之相比，数字金融使用深度对企业会计信息的可比性影响相对较小，因而在回归结果中不显著。

（二）机制检验

结合上述分析，数字金融可能会通过改善企业内部控制质量、促进企业数字化转型和抑制真实盈余管理三种方式提高企业信息可比性。首先，数字金融等金融科技其本身具有信息效应，能够通过加速信息流转帮助企业进行合理决策，改善企业内部控制，已有研究也证实，内部控制的改善能够提高企业会计信息可比性。其次，数字金融的快速发展促使企业加快了数字化转型的步伐，数字化转型优化了企业与市场的沟通效率，提高了企业会计信息可比性。最后，数字金融拓宽了企业融资的渠道，丰富了企业的融资选择，抑制了企业的盈余管理行为，从而提高企业会计信息可比性。基于上述分析，本部分将从企业内部控制质量、数字化转型和真实盈余管理三个角度对数字金融影响会计信息可比性的路径进行探讨。

1. 内部控制质量

数字金融的全面发展在为企业拓宽融资渠道的同时，也帮助企业提高了内部控制质量，同时王迪等（2019）的研究发现，改善内部控制质量能够提高企业会计信息可比性。因此，数字金融能够通过提高企业内部控制质量来发挥其对会计信息可比性的提升作用。

使用迪博的内部控制指数来衡量内部控制质量，为消除量纲的影响，参考已有研究的做法，对内部控制指数加 1 取自然对数处理，记为（*Icw*）。同时构建模型（3－7）和模型（3－8），回归结果如表 3－7 所示。

$$Icw_{i,t} = \alpha_0 + \alpha_1 Dif_{i,t} + \Sigma\alpha \times Controls_{i,t} + \Sigma Year + \Sigma Ind + \varepsilon_{i,t} \quad (3-7)$$

$$Comp_{i,t} = \gamma_0 + \gamma_1 Dif_{i,t} + \gamma_2 Icw_{i,t} + \Sigma\gamma \times Controls_{i,t} + \Sigma Year + \Sigma Ind + \varepsilon_{i,t} \quad (3-8)$$

表 3－7　　内部控制质量机制检验

变量	(1) *Comp*	(2) *Icw*	(3) *Comp*
Dif	0.0007*** (2.80)	0.1591*** (3.14)	0.0006** (2.41)
Icw			0.0006*** (10.83)
Size	−0.0012*** (−24.46)	0.0827*** (8.99)	−0.0013*** (−25.73)
Lev	−0.0028*** (−9.24)	−0.4636*** (−6.30)	−0.0025*** (−8.44)
Roa	0.0193*** (16.83)	3.7507*** (13.95)	0.0169*** (14.84)
FirmAge	−0.0009*** (−5.69)	−0.0379 (−1.23)	−0.0009*** (−5.59)
Growth	0.0007*** (5.75)	0.0494 (1.62)	0.0006*** (5.49)
Dual	0.0001 (0.79)	0.0294 (1.58)	0.0001 (0.60)

续表

变量	(1) *Comp*	(2) *Icw*	(3) *Comp*
Soe	-0.0003*** (-3.90)	0.0168 (0.93)	-0.0004*** (-4.05)
_cons	0.0169*** (10.88)	4.0137*** (14.30)	0.0143*** (9.13)
Year	Yes	Yes	Yes
Ind	Yes	Yes	Yes
N	15213	15213	15213
调整 R^2	0.354	0.084	0.364
Sobel	2.926***		
P 值	0.003		

注：** 和 *** 分别表示在 5% 和 1% 水平上显著；括号内为 t 值。

表 3-7 中第（1）列为模型（3-6）的回归结果，第（2）列和第（3）列分别为模型（3-7）和模型（3-8）的回归结果。由第（2）列结果可知，数字金融（*Dif*）对内部控制质量（*Icw*）的系数为 0.1591，在 1% 的水平上显著，表明数字金融能够提升企业内部控制质量，这与已有研究结论一致。第（3）列中内部控制质量（*Icw*）在 1% 的水平上显著为正，数字金融（*Dif*）在 5% 的水平上显著为正且系数小于模型（3-6）的回归结果。因此，内部控制质量是数字金融影响会计信息可比性的传导机制之一，即数字金融通过提高内部控制质量来改善企业会计信息可比性。此外，为了保证机制研究结论的可靠性，还对其进行了 Sobel 检验，检验结果验证了研究结论的可靠性。

2. 数字化转型

数字金融的发展在拓展企业融资渠道的同时，也对企业自身发展起到了促进作用。现有研究也指出，数字金融的发展可以推动企业数字化转型，而钟廷勇等（2022）的研究表明，企业数字化转型能够显著改善企业会计信息可比性。因此，数字金融可以通过提高企业数字化水平进而提高会计信息可比性。

为了研究数字化转型是否为数字金融和会计信息稳健性的作用机制，使用袁淳等（2021）的方法对企业数字化程度进行度量。首先，选取2012～2021年发布的国家层面数字经济相关政策文件用于提取数字化相关关键词，经过python和手工筛选得到197个数字化相关词语，作为数字化词典。其次，利用python对上市企业“管理层讨论与分析（MD & A）”进行文本分析，统计得到197个关键词的出现频率。再次，采用企业数字化相关词汇频数总和除以年报MD&A语段长度衡量企业数字化转型程度（*Digital*）。最后，为了方便数据分析，将数字化转型程度乘以100。*Digital* 的数值越大，说明企业数字化转型程度越高。

在获得企业数字化转型的度量变量后，构建了模型（3－9）和模型（3－10）来检验其中介效应。回归结果如表3－8所示。

$$Digital_{i,t} = \alpha_0 + \alpha_1 Dif_{i,t} + \Sigma\alpha \times Controls_{i,t} + \Sigma Year + \Sigma Ind + \varepsilon_{i,t} \quad (3-9)$$

$$Comp_{i,t} = \gamma_0 + \gamma_1 Dif_{i,t} + \gamma_2 Digital_{i,t} + \Sigma\gamma \times Controls_{i,t} + \Sigma Year + \Sigma Ind + \varepsilon_{i,t} \quad (3-10)$$

表3－8　数字化转型机制检验

变量	(1) *Comp*	(2) *Digital*	(3) *Comp*
Dif	0.0007*** (2.80)	0.1607*** (5.32)	0.0006** (2.44)
Digital			0.0006*** (8.98)
Size	−0.0012*** (−24.46)	0.0187*** (3.76)	−0.0012*** (−24.76)
Lev	−0.0028*** (−9.24)	−0.1484*** (−4.03)	−0.0027*** (−9.00)
Roa	0.0193*** (16.83)	0.1455 (1.32)	0.0192*** (16.80)

续表

变量	(1) *Comp*	(2) *Digital*	(3) *Comp*
FirmAge	-0.0009 *** (-5.69)	-0.0891 *** (-4.04)	-0.0008 *** (-5.37)
Growth	0.0007 *** (5.75)	0.0606 *** (3.98)	0.0006 *** (5.48)
Dual	0.0001 (0.79)	0.0986 *** (6.60)	0.0000 (0.19)
Soe	-0.0003 *** (-3.90)	-0.0959 *** (-8.23)	-0.0003 *** (-3.28)
_cons	0.0169 *** (10.88)	-0.7301 *** (-4.57)	0.0173 *** (11.20)
Year	Yes	Yes	Yes
Ind	Yes	Yes	Yes
N	15213	15213	15213
调整 R^2	0.354	0.449	0.358
Sobel	4.054 ***		
P值	0.000		

注：** 和 *** 分别表示在5%和1%水平上显著；括号内为t值。

表3-8中第（1）列为模型（3-6）的回归结果，第（2）列和第（3）列分别为模型（3-9）和模型（3-10）的回归结果。由表3-8中第（2）列可见，数字金融（*Dif*）对企业数字化转型（*Digital*）的系数为0.1607，在1%的水平上显著，这与已有研究的结论相同，数字金融会赋能企业的数字化转型。表3-8中第（3）列的结果显示，企业数字化（*Digital*）与会计信息可比性在1%的水平上显著，企业数字化能够提高其会计信息可比性，与聂兴凯等（2022）的研究结论一致。同时，加入企业数字化变量后，数字金融（*Dif*）对会计信息可比性（*Comp*）的系数为0.0006，在

5%的水平上显著，该结果低于第（1）列中数字金融（*Dif*）对会计信息可比性（*Comp*）的系数，*Sobel* 检验值在1%的水平上显著。上述结果证明了企业数字化作为传导机制具备有效性，即数字金融能够通过赋能企业数字化，发挥对会计信息可比性的提升效应。

3. 真实盈余管理

数字金融通过抑制企业真实盈余管理行为，提升会计信息可比性。数字金融拓宽了企业获得资金的渠道，缓解了企业面临的资金困境，从而抑制了企业真实盈余管理行为。同时，现有研究表明，真实盈余管理会对会计信息可比性产生影响。聂兴凯等（2022）基于企业数字化转型的研究证明抑制真实盈余管理行为能够提高企业会计信息可比性。基于此，数字金融也可通过抑制企业真实盈余管理行为来提高会计信息可比性。

参考李增福等（2011）的研究，使用异常经营活动现金流（*R_CFO*）、异常费用（*R_DISX*）和异常产品成本（*R_PROD*）三个分指标，并使用公式（3-11）来计量企业真实盈余管理行为，记为 *Rem*，并取绝对值。*Rem* 值越大，说明企业真实盈余管理水平越高。

$$Rem = R\_PROD - R\_CFO - R\_DISX \tag{3-11}$$

构建了模型（3-12）和模型（3-13）来检验真实盈余管理水平的中介效应，回归结果如表3-9所示。

$$Rem_{i,t} = \alpha_0 + \alpha_1 Dif_{i,t} + \Sigma\alpha \times Controls_{i,t} + \Sigma Year + \Sigma Ind + \varepsilon_{i,t} \tag{3-12}$$

$$Comp_{i,t} = \gamma_0 + \gamma_1 Dif_{i,t} + \gamma_2 Rem_{i,t} + \Sigma\gamma \times Controls_{i,t} + \Sigma Year + \Sigma Ind + \varepsilon_{i,t} \tag{3-13}$$

表3-9　真实盈余管理机制检验

变量	(1) *Comp*	(2) *Rem*	(3) *Comp*
Dif	0.0007*** (2.80)	-0.0188** (-2.41)	0.0007*** (2.68)
Rem			-0.0016*** (-5.38)

续表

变量	(1) *Comp*	(2) *Rem*	(3) *Comp*
Size	-0.0012*** (-24.46)	-0.0069*** (-6.62)	-0.0012*** (-24.65)
Lev	-0.0028*** (-9.24)	0.0676*** (9.64)	-0.0027*** (-8.86)
Roa	0.0193*** (16.83)	0.5324*** (19.84)	0.0202*** (17.15)
FirmAge	-0.0009*** (-5.69)	0.0040 (0.94)	-0.0009*** (-5.66)
Growth	0.0007*** (5.75)	0.0383*** (9.06)	0.0007*** (6.22)
Dual	0.0001 (0.79)	0.0031 (1.12)	0.0001 (0.84)
Soe	-0.0003*** (-3.90)	-0.0082*** (-3.41)	-0.0004*** (-4.06)
_cons	0.0169*** (10.88)	0.3322*** (8.65)	0.0174*** (11.19)
Year	Yes	Yes	Yes
Ind	Yes	Yes	Yes
N	15213	15213	15213
调整 R^2	0.354	0.154	0.355
Sobel	2.351***		
P值	0.019		

注：** 和 *** 分别表示在5%和1%水平上显著；括号内为t值。

表3-9中第（1）列为模型（3-6）的回归结果，第（2）列和第（3）列分别为模型（3-12）和模型（3-13）的回归结果。由表3-9中第（2）列可见，数字金融（*Dif*）对真实盈余管理（*Rem*）的系数为-0.0188，

在1%的水平上显著，与已有研究的结论相同，数字金融可以抑制真实盈余管理。第（3）列的结果显示，真实盈余管理（*Rem*）与会计信息可比性（*Comp*）在1%的水平上显著，抑制真实盈余管理行为能提高企业会计信息可比性，这与聂兴凯等（2022）的研究结论一致。同时，加入真实盈余管理变量后，数字金融（*Dif*）对会计信息可比性（*Comp*）的系数为0.0007，在5%的水平上显著（仅保留4位小数，数字金融对会计信息可比性的系数实际为0.00067），且*Sobel*检验值在1%的水平上显著。上述结果证明，数字金融可以通过抑制企业真实盈余管理来提高会计信息可比性。

（三）异质性检验

1. 产权性质

数字金融对不同产权性质的企业的会计信息可比性可能存在不同影响。一方面，国有企业由于其特殊的背景，更受传统金融青睐，因而更容易获得资金支持，采取盈余管理手段的可能性更低。黄锐等（2021）研究认为，国有企业拥有政府背景，拥有银行等传统融资渠道，难以有动机接受数字金融的驱动效应，导致数字金融对会计信息质量的提升效应在国有企业中并不能发挥明显作用。另一方面，国有企业大多处于关键领域，面临的监管强度较大、频率较高，这增加了管理层操纵会计信息的成本，促使国有企业相对更加透明，内部控制更加完善，其会计信息质量相对较高，从而削弱数字金融对会计信息质量的提升作用。

基于上述分析，检验在不同产权性质下数字金融对会计信息可比性的影响，回归结果见表3-10。

表3-10　产权性质异质性分析

变量	非国有企业 (1) *Comp*	国有企业 (2) *Comp*
Dif	0.0015 *** (3.79)	0.0005 (1.20)

续表

变量	非国有企业 (1) *Comp*	国有企业 (2) *Comp*
Size	-0.0009 *** (-16.19)	-0.0014 *** (-24.04)
Lev	-0.0017 *** (-5.11)	-0.0043 *** (-9.89)
Roa	0.0212 *** (24.96)	0.0127 *** (8.88)
FirmAge	-0.0009 *** (-4.90)	-0.0008 *** (-2.85)
Growth	0.0005 *** (3.51)	0.0008 (3.92)
Dual	0.0001 (0.53)	0.0002 (1.15)
_cons	0.0050 ** (2.01)	0.0266 *** (11.89)
Year	Yes	Yes
Ind	Yes	Yes
N	8226	6987
调整 R^2	0.386	0.320

注：** 和 *** 分别表示在5%和1%水平上显著；括号内为t值。

表3-10中第（1）列和第（2）列分别表示非国有企业和国有企业的检验结果。从表3-10可以看出，数字金融对会计信息可比性的系数在国有企业组为0.0005，并不具有显著性，在非国有产权组其系数为0.0015，在1%的水平上显著，费舍尔组间系数差异检验结果为0.03，在5%的水平上显著。说明相比于国有企业，数字金融对会计信息的提升效应在非国有企业中更能发挥作用，这一结论与前述分析一致。

2. 经济政策不确定性

宏观经济政策的不确定性会对企业经营环境和经营策略产生影响。因此，也可能影响数字金融和会计信息可比性之间的关系。经济政策的不确定性会导致市场波动性增大，流动性减弱，进而对企业发展产生负面影响。丁亚楠和王建新（2021）的研究发现，经济政策的不确定性会加剧管理层操纵会计信息的行为，影响企业信息披露质量。在较大的经济政策不确定性下，管理层有可能会对会计信息进行操纵，从而削弱会计信息的可比性。黄宏斌等（2021）研究发现，经济政策不确定性的提高，会迫使企业进行自愿信息披露，以降低与外部的信息不对称性，缓解企业面临的压力。因此，较大的经济政策不确定性也可能使企业加强数字金融的运用，以改善会计信息的可比性，以此降低经济政策不确定性对企业的影响。

为了验证在较大的经济政策不确定性下，数字金融对企业会计信息的可比性的提升效应是否更加显著，首先，使用巴克等（Baker et al.）构建的中国经济政策不确定性指数（EPU），并参考董小红和刘向强（2020）的研究，计算每月经济政策不确定性指数的算术平均值，同时将经济不确定性年度数据除以 100 以消除数量级差异。EPU 值越高，经济政策的不确定性越强。其次，将经济政策不确定性数据按照均值进行分组回归，回归结果见表 3 - 11。

表 3 - 11　　经济政策不确定性异质性分析

变量	低经济政策不确定性 (1) *Comp*	高经济政策不确定性 (2) *Comp*
Dif	0.0005 * (1.77)	0.0020 *** (2.70)
Size	-0.0013 *** (-28.40)	-0.0011 *** (-15.05)
Lev	-0.0027 *** (-9.11)	-0.0034 *** (-6.83)

续表

变量	低经济政策不确定性 (1) *Comp*	高经济政策不确定性 (2) *Comp*
Roa	0. 0108 *** (11. 68)	0. 0249 *** (20. 12)
FirmAge	-0. 0009 *** (-5. 44)	-0. 0009 *** (-2. 93)
Growth	0. 0004 *** (3. 60)	0. 0010 *** (3. 95)
Dual	0. 0002 * (1. 96)	0. 0000 (0. 20)
Soe	-0. 0007 *** (-6. 75)	0. 0002 (1. 11)
_cons	0. 0214 *** (11. 19)	0. 0045 * (0. 83)
Year	Yes	Yes
Ind	Yes	Yes
N	9608	5605
调整 R^2	0. 324	0. 388

注：* 和 *** 分别表示在 10% 和 1% 水平上显著；括号内为 t 值。

表 3 - 11 中第（1）列为低经济政策不确定性组的回归结果，第（2）列为高经济政策不确定性组回归。由表 3 - 11 回归结果可见，在经济政策不确定性较高组，数字金融对会计信息可比性的系数为 0. 0020，在 1% 的水平上显著，在经济政策不确定性较低组，数字金融对会计信息可比性的系数为 0. 0005，在 10% 的水平上显著，费舍尔组间系数差异检验结果为 0. 001，在 1% 的水平上显著。说明在经济政策不确定性较高时，数字金融对企业会计信息可比性的提升效应更加明显，这与前述预期一致。

3. 市场化程度

数字金融对会计信息可比性的提升效应也可能受到地区市场化水平的影响。我国经济体制的改革是一个渐进式的过程，不同地区的经济发展水平不同，导致市场化程度不同。相比于市场化程度较低的地区，市场化水平较高的地区金融基础设施完善，数字技术应用较早，因此数字金融的覆盖面较广，发展程度较好，能更好地发挥信息效应，从而提高企业会计信息可比性。同时，现有文献也指出，市场化程度是数字金融发挥作用的重要影响因素，陆凤芝和王群勇（2022）研究发现，数字金融服务实体企业在市场化程度高的地区效率更高。因此，基于上述分析，在市场化程度较高的地区，数字金融对会计信息可比性的促进作用更强。

首先，采用王小鲁等（2019）的各省份市场化指数来衡量地区市场化程度，并参考余海红等（2010）的做法将市场化程度数据扩展至2020年，市场化程度记为*Market*。其次，按照市场化指数均值将其分为两组，低于均值为市场化程度低组，高于均值为市场化程度高组。最后，进行分组回归，回归结果见表3－12。

表3－12　　市场化程度异质性检验

变量	低市场化程度 (1) *Comp*	高市场化程度 (2) *Comp*
Dif	0.0007 (1.05)	0.0021*** (4.00)
Size	−0.0010*** (−16.55)	−0.0014*** (−26.26)
Lev	−0.0034*** (−8.27)	−0.0021*** (−5.93)
Roa	0.0202*** (16.83)	0.0187*** (19.16)
FirmAge	−0.0008*** (−2.97)	−0.0009*** (−4.58)

续表

变量	低市场化程度 (1) *Comp*	高市场化程度 (2) *Comp*
Growth	0.0006*** (3.21)	0.0008*** (4.96)
Dual	0.0002 (1.13)	0.0000 (0.22)
Soe	-0.0002 (-1.22)	-0.0005*** (-4.39)
_cons	0.0154*** (3.75)	0.0066* (1.83)
Year	Yes	Yes
Ind	Yes	Yes
N	6575	8638
调整 R^2	0.350	0.366

注：* 和 *** 分别表示在 10% 和 1% 水平上显著；括号内为 t 值。

表 3-12 中第（1）列为低市场化水平组回归结果，第（2）列为高市场化水平组回归结果。由表 3-12 回归结果可见，在市场化程度较低组，数字金融（*Dif*）对会计信息可比性（*Comp*）的系数为 0.0007，不具有显著性。在市场化程度较高组中，数字金融（*Dif*）对会计信息可比性（*Comp*）的系数为 0.0021，在 1% 的水平上显著，费舍尔组间系数差异为 0.006，在 1% 的水平上显著，说明在市场化程度较高时，数字金融对会计信息可比性的提升效应更加明显。

综合上述分析，数字金融对会计信息可比性的提升效应受到产权性质、经济政策的不确定性和市场化程度的影响，数字金融在非国有企业、经济政策不确定性高和市场化程度好的情况下更能发挥其提升会计信息可比性的作用。

第六节 研究结论与启示

数字金融的蓬勃发展对企业经营和管理各方面都产生了显著影响，会计信息可比性是企业信息质量的重要衡量指标，那么数字金融是否会影响会计信息的可比性呢？为了回答这一问题，本章以我国 A 股上市公司 2011 ~ 2021 年的数据为研究样本，考察了数字金融与企业会计信息可比性之间的关系。研究结果表明：（1）数字金融具有提升效应，能够提高企业会计信息可比性；（2）机制检验结果显示，数字金融可以通过改善企业内部控制、促进企业数字化转型和抑制真实盈余管理的方式发挥其对会计信息可比性的提升效应；（3）进一步分析显示，数字金融的提升效应在数字金融维度、企业性质、经济政策不确定性和市场化程度不同的情况下会有所不同，具体来说，在数字金融覆盖广、非国有企业、经济政策不确定性高和市场化水平较高的地区，更能发挥其对会计信息可比性的提升效应。

本章研究得出以下研究启示：（1）政府应大力支持数字金融发展，完善金融基础设施，健全数字金融制度，以提高企业会计信息可比性，从而提升企业会计信息质量。数字金融能够通过提高企业内部控制质量，促进企业数字化转型和抑制真实盈余管理行为来改善会计信息可比性。（2）数字金融的作用在不同企业、不同地区有所不同。数字金融对会计信息可比性的提升作用在非国有企业中更加有效，国家在大力扶持民营企业拥抱数字金融的同时，也应针对国有企业制定相应政策，要继续深化改革，推进市场化进程，降低地区市场化差异，以便数字金融更好地发挥作用。（3）企业要积极适应数字金融的高速发展，引入数字金融为自身发展服务。数字金融的引入能够为企业转型发展提供助力，提高企业会计信息可比性，加强企业与外界的沟通，帮助企业发展行稳致远。此外，在经济政策不确定性较高时，数字金融更容易发挥其提高企业会计信息可比性的作用。因此，企业应充分利用数字金融，以期提高企业在面临经济政策不确定时的抗风险能力。

第四章

数字金融与企业全要素生产率

第一节　引　　言

继党的十九大报告首次提出“提高全要素生产率”后，党的二十大报告又在其前面加上了“着力”二字，并将其作为推动高质量发展的任务之一，说明提高全要素生产率已经成为我国经济高质量发展的关键指标。全要素生产率是指企业总产出中由于要素投入之外的技术创新等引起的产出“剩余”，本质上能代表宏观经济和微观企业的经济发展质量，而全要素生产率偏低是制约我国经济质量的重要因素之一。企业作为微观经济的实体，从一定程度上来说，经济的高质量发展有赖于企业全要素生产率的提升。金融作为社会经济发展的核心要素之一，对企业高质量发展发挥着重要作用。传统金融在服务企业实体时存在领域错配、阶段错配和属性错配等结构错配问题，使我国企业面临融资难和融资贵的问题，而融资约束会导致企业生产经营和资金配置效率下降。

数字金融作为人工智能、区块链等数字技术和金融服务的结合产物，具有更高效、更便捷的优势，为了更好地服务企业带来了新的契机。一方面，数字金融可以有效缓解结构性错配问题。数字金融的发展不仅使信息交流更加顺畅，减少金融摩擦，提高金融服务效率，矫正资本错配，还可以改善劳动错配。另一方面，数字金融有效缓解“长尾”企业融资困境，使金融服务更具普惠性，促进企业创新。数字金融的发展会带来金融结构的改善和服务效率的提高。数字金融凭借数字技术以低成本处理海量数据，有效缓解信息不对称带来的风险，在提高金融服务可得性的同时，也改善了企业的外部融资环境。数字金融还打破了地理边界和时间限制，具有地理穿透力，扩大了金融服务范围，一定程度上缓解了企业融资约束。那么，数字金融是否能促进企业全要素生产率的提升？如果能促进企业全要素生产率，作用的机理是什么？这些问题对促进企业全要素生产率提升和企业高质量发展具有一定的理论意义和现实价值。基于此，本章以 2011～2021 年我国 A 股上市公司作为研究对象，进行数字金融对企业全要素增长率的影响机制分析，并进一步探究数字金融维度对企业全要素生产率的影响以及产权性质、行业竞争程度和企业规模方面的异质性对两者关系的影响。

本章的边际贡献可能在于：第一，丰富了企业全要素生产率的影响因素研究。已有文献大多研究传统金融发展和金融资产配置等因素对企业全要素生产率的影响。本章从数字金融的视角研究企业全要素生产率，并将数字金融划分为三个维度，进一步探讨三个维度分别对企业全要素生产率的影响。第二，拓展了数字金融促进企业全要素生产率提升的新路径。采用中介效应模型探究了数字金融通过激发企业家创新精神和契约精神，促进企业全要素生产率提高的机制，为数字金融促进企业全要素生产率提供新路径。第三，进一步嵌入多种约束要素，丰富研究内容。嵌入企业性质、行业竞争程度和企业规模方面的差异，研究发现数字金融对企业全要素生产率的影响具有产权性质、行业竞争程度和企业规模方面的异质性。

第二节　文献综述

一、企业全要素生产率

企业全要素生产率的高低是衡量经济发展质量的重要尺度，只有依托企业全要素生产率的提升，才能实现经济稳定增长。企业全要素生产率偏低是我国企业面临的普遍问题。已有文献对影响企业全要素生产率的因素进行了广泛研究，主要包括企业视角、政府视角和市场视角。

（一）企业视角

良好的公司治理和加大研发力度是促进企业全要素生产率提升的主要途径。首先，企业可以通过改善治理水平提高人力资本的使用效率，进而提高企业全要素生产率。良好的内部控制能与社会审计产生替代效应，有效促进企业全要素生产率的提升。高管薪酬和股权激励也对企业全要素生产率的提升有显著的促进作用。企业薪酬差距越大，高管工作积极性越高，能够降低代理成本，提高企业业绩。进一步研究发现，高管之间的薪酬差距和高管与员工之间薪酬绝对差距可以促进企业全要素生产率的提升，但高管与员工之间薪酬的相对差距不利于企业全要素生产率的提升。其次，研发投入的增加促进产业技术升级，进而提升企业全要素生产率，且在高新技术产业更为显著。但是，研发投入对企业全要素生产率的促进作用存在滞后性，而且作用效果随着时间的推移逐渐减弱。也有研究发现，适度的研发投入才能促进企业全要素生产率的提高。研发投入对企业全要素生产率的影响还存在地区差异，在我国东部和中部地区起促进作用，在西部地区则产生不利影响。

（二）政府视角

从政府视角来说，基础交通设施和产业政策是影响企业全要素生产率的重要途径。首先，基础交通设施可以促进规模经济的形成和生产要素的流动，降低要素成本，促进企业全要素生产率的提升。基础交通设施降低物流成本，扩大市场规模，刺激企业创新。产业政策对企业全要素生产率的影响有两种观点。支持市场作用的学者认为，应当由市场决定资源配置，不当的政府干预扭曲市场作用。产业政策虽然能促进总产出增加，但并不能促进企业全要素生产率提升，过高的政府补助反而会降低企业全要素生产率。支持政府干预的学者认为，国家产业政策促进企业全要素生产率的提高。例如，中国扶贫政策能够提高员工质量，提高规模效益，进而促进企业创新和企业全要素生产率的提高。区域科技政策、地方产业政策和战略性新兴产业政策也对企业全要素生产率产生积极影响。

（三）市场视角

金融发展和优化市场机制是资本市场提高企业全要素生产率的关键因素。良好的金融市场不仅可以为企业研发活动提供资金支持，推动企业技术升级，还可以加强企业与资本市场中债权人之间的信息交流，缓解信息不对称，便于外部债权人对企业高管的监督行为，进而缓解代理问题，降低融资成本，进而推动企业全要素生产率的提升。市场环境和资源配置效率对企业全要素生产率的提升至关重要。要素供给方会更倾向将资源提供给收益更高的企业，这就导致企业融资成本差异，而生产要素较低的取得成本可以促进企业全要素生产率的提高。基于信息传递效应，企业的股票流动性与资源分配能力成正比，这是由于股票流动促进了资本市场的信息传递，及时反映投资者对企业的评价，改进企业投资管理，提高企业全要素生产率。也有研究表明，资本市场的开放通过增加股价的特质信息含量促进企业全要素生产率的提升。

二、数字金融

数字金融依托于大数据、人工智能等数字技术的发展应运而生，作为一种新兴业态，是数字经济的重要组成部分，能够有效弥补传统金融的不足，在我国得到了充分的发展，深刻影响着国民的生产生活。通过文献梳理发现，目前学者们对数字金融的研究主要围绕数字金融的经济后果，分别从宏观层面和微观层面展开研究。

（一）宏观层面

国外学者主要关注数字金融对需求和供给的影响。伴随数字金融产生的网络借贷模式能够降低企业与投资者之间的信息不对称，使更多的企业获得贷款。我国学者更加关注数字金融的直接作用。首先，数字金融不仅能够降低融资门槛，缓解融资“歧视”和融资约束，更好地为企业提供风险分担，还能降低信息不对称，将金融市场的资金引流至政策倾斜的领域。数字金融对企业创新活动也有促进作用。其次，数字金融相比于传统金融具有普惠的特点。数字金融提高了低收入地区的家庭收入，促进家庭创业、提高城市创新、调整产业结构和优化营商环境，进而推动经济包容性增长。最后，数字金融发展通过引领产业转型升级和提高绿色技术创新等方式减少污染物排放、提高能源利用率，实现城市环境的高质量发展。

（二）微观层面

数字金融在微观层面的影响主要表现在对银行、居民和企业三个方面。在对银行的影响方面，数字金融促进银行间的竞争，降低其利润率。数字金融中的金融科技推动利率市场化，改变了银行负债结构，促使负债成本上升。已有文献普遍认为数字金融可以促进居民创业和收入的提升。数字金融具有普惠性和便捷性，缓解了居民融资约束，促进居民消费。数字金融还增加了农村消费性信用贷款的需求。数字金融对企业的影响主要体现在创新和融资约束方面。数字金融有效提高了信贷资金的配置效率，优化了主体和客体之间的交互性和匹配路径，改善价格机制，促进企业创新。这是由于数字金融缓解了金融市场中的逆向选择和道德风险，提高金融服务的工作效率，实现精准匹配。数字金融中的数字技术可以有效缓解企业面临的“融资难”和“融资贵”的问题，增加企业财务稳定性。数字金融还可以通过缓解企业融资约束促进企业创新活动。

三、企业家精神

“企业家”一词最早是由法国经济学家夏尔·坎提隆（Richard Cantillon）提出，被定义为在资本市场中利用他人未发现的机会获利并成就一番事业的人。随后，企业家又被赋予了更为丰富的内涵，包括改变价值、创造、发现机遇并加以利用、勇敢、富有决心和毅力等。企业家精神被视为一种投入，也会在不同部门和活动中转移。企业家精神是经济增长的重要动力，也是提高企业财务绩效的重要因素。已有文献对企业家精神影响因素的研究主要包括制度环境、金融发展、创新和全要素生产率三个方面。

（一）制度环境

企业面临的制度环境对企业家创新和创业精神具有重要影响，其中法律和政府干预的缺失会阻碍企业家精神的发展。不完善的法律体系和不适当的政府干预会对企业家精神产生不利影响。精简的行政审批制度对企业的形成有促进作用，烦琐的审批制度会抑制居民创业。减少政府监管可以提高企业家创业率。法律对产权的保护可以有效促进企业家精神发育。税收政策是政府管控的重要手段，税收通过增加企业成本降低了其从事生产经营等活动获得的回报，进而减少创业。降低企业增值税可以显著提升各类企业的进入。

（二）金融发展

发达的金融体系可以为企业家提供资金支持、风险分担、估值预期收益等金融服务，促进企业家创新和创业精神，进而带来经济增长。如果金融业为企业家创新活动提供融资服务，企业家的成功就不再取决于其拥有的资本，而是取决于他的创新精神、努力程度和知识水平。如果金融体系不能够给企业家创新活动提供足够的资金，更多的人会倾向于学习专业知识而非从事研发创新活动，不利于生产率的提高。发达的金融体系还能帮助贫穷但拥有创业精神的人创业，不发达的金融体系存在明显的资金约束，对他们的创业活动产生阻碍。企业家拥有强烈的创业精神，在创业过程中面临良好的机遇时，融资就显得格外重要。我国大多数信贷资金提供给了国有企业，民营企业面临“融资难、融资贵”的问题，民营企业的大部分企业家会向非正规的金融市场寻求资金支持，非正规金融市场对家庭创业具有明显的促进作用。

（三）创新和全要素生产率

已有文献对企业家精神与企业全要素生产率的关系的研究并不多，大都与经济增长相关。企业家精神对经济增长方式产生重要影响，由于其创造性，还能产生知识溢出效应。有学者认为企业家可以通过创新投入提高全要素生产率，促进经济增长。企业家创业精神能显著提升区域生产率，但是它对区域生产率无显著影响。企业家精神对技术进步和全要素生产率的弹性在17%左右。创新对全要素生产率的影响在我国东部地区更显著，在中部、西部地区创业精神对全要素生产率的影响不显著。企业家精神对全要素生产率的促进作用在创业更为活跃和解决增长更快的区域更为显著。企业家职能的配置也能显著提高全要素生产率。

总的来说，已有文献大多从宏观层面探讨数字金融对全要素生产率的影响，鲜有文献将研究下沉到微观企业层面，并深入研究数字金融对企业全要素生产率影响的内在机制。企业作为微观经济的主体，其全要素生产率的提升是经济高质量发展的重要体现。考虑到数字金融和企业全要素生产率是数字时代下我国经济高质量发展的重要因素，而国内学者对二者关系却少有涉足，本章从数字金融的角度出发，探讨其对企业全要素生产率的影响，并探究企业家创新精神和契约精神的中介效应，旨在丰富现有研究视角，并为我国经济高质量发展提供一定的借鉴与启示。

第三节　理论分析与假设提出

一、数字金融与企业全要素生产率

数字金融是指金融机构与互联网公司合作，通过人工智能等数字技术整合现有资源，实现新的金融业务模式的转变，例如，数字普惠金融、互联网金融、金融科技等。数字普惠金融强调普惠的特点，泛指一切通过数字技术促进普惠金融的行为，降低了金融服务的门槛，扩大了金融服务的范围，提高了金融服务的体验和效率；互联网金融更多地被看作利用互联网技术和互联网平台开展金融活动，基于区块链、物联网等技术的创新金融模式则不能完全涵盖；金融科技则更突出技术特性，主要包括新出现的经济模型、新技术等。企业全要素生产率被定义为企业总产出中除了由于要素投入以外的技术创新、管理进步等因素带来的产出增长率，在经济学中被用来衡量技术进步的贡献水平，它本质上能够衡量微观实体和宏观经济的质量发展水平。企业全要素生产率是企业实现长期可持续发展的重要因素。全要素生产率偏低一直是制约我国经济高质量发展的重要因素，高质量发展在一定程度上是依赖于企业全要素生产率的提高。对企业全要素生产率的测量方法主要有 OP 法、LP 法、ACF 法等，虽然测量方法不同，但是结果近似。

企业全要素生产率的影响因素众多，数字金融就是其中之一。数字金融对企业全要素生产率的作用机制主要体现在以下方面：首先，数字金融通过大数据等数字技术进行数据的收集和分析，拓宽了企业的资金来源渠道。当前，我国企业结构呈现“金字塔”型，小微企业众多，大型企业较少，而金融服务的获取呈现“倒金字塔”型，大多数企业面临着获取金融服务和资金困难的问题。数字金融凭借技术手段重新构建金融模式，优化服务流程，将金融服务从线下转到线上，将大量分散的“长尾”企业纳入金融服务对象，突破了传统金融服务边界，体现了数字金融“普惠”的特征。数字金融打破了传统金融模式的局限性，利用数字技术将闲散资金聚集起来，吸收“长尾”投资者的资金，通过金融服务实现再分配，进行高效率的投资，更好地服务于实体经济。数字金融可以利用数字技术处理大量数据，缓解信息不对称，提高金融服务可得性。其次，数字金融还减少借贷双方信息不对称，优化了企业的融资环境。金融业务模式的转变减少了金融市场摩擦，缓解了利率管制下的低储蓄率和资源配置效率，提升了企业效率。数字金融利用大数据、云计算等数字技术，搜索和分析大量的数据信息，对借贷主体的信息快速匹配，大大降低企业信息搜寻成本、分析成本和决策成本，实现精准服务，还能精准评估信贷客户风险，实现动态监管，降低借贷过程中的风险管理成本。数字金融可以有效改善我国行业间资本和劳动错配，提升金融市场效率，改善资本错配，优化金融支持实体经济的质量和效率。最后，数字金融的发展伴随着人工智能、大数据和云计算等数字技术与金融服务不断融合，产生技术溢出效应，这些技术可以被学习和复制，改善要素市场的资源配置。数字金融还使支付更加便利，推动消费增长和结构升级，倒逼企业创新升级，提升企业全要素生产率。基于以上分析，提出假设4－1。

假设4－1：在其他条件一定的情况下，数字金融与企业全要素生产率显著正相关，即数字金融可以促进企业全要素生产率的提高。

二、数字金融、企业家精神和企业全要素生产率

国外学者对企业家精神的内涵并没有形成一致定义，柯兹纳（Kirzner）的企业家精神侧重企业家识别市场机会的能力；奈特（Knight）的企业家精神侧重企业家承担风险和应对市场失衡的能力；熊彼特（Schumpeter）的企业家精神侧重企业家创新能力，认为企业家创造性地破坏市场均衡，指出创新是企业家精神的灵魂；维杰·萨斯（Vijay Sathe）认为，企业家精神是对现有业务的创新，充满风险。自我国改革开放以来，企业家群体从成长走向成熟，孕育了中国的企业家精神。国内学者普遍认为，企业家精神是企业家在对新项目进行执着追求，在找寻创造性解决方案时体现出来的个人品质，包括创新精神、创业精神、学习精神、契约精神等，不仅体现在发现市场机遇、应对市场失衡等宏观角度，还体现在企业创新等微观角度。在数字经济时代，企业家精神作为一种内生经济增长因素，已然成为推动企业高质量发展的动力。同时，新技术的传播使企业家精神对生产力的贡献增大。

在经济全球化背景下，资本、生产要素和资源等物质禀赋优势逐渐缩小，企业家精神便成了经济的核心竞争力，而培育企业家精神不仅需要良好的市场环境，还需要完备的金融体系为他们提供资金支持。熊彼特指出，金融的核心就是为企业家创新提供资金，要促进一个地区的金融繁荣，提高金融业的发展效率和规模，就需要大力支持企业家的创新活动，企业家的创新活动需要银行家提供的信用。创新是提高企业全要素生产率的必要条件。企业家创新精神对企业高质量发展的重要作用在微观企业层面体现在对企业全要素生产率的积极促进作用上。

金融体系对企业家创新活动的支持是提高全要素生产率的重要途径。首先，由于创新本身具有高度的不确定性和高投入的特点，创新投入很大程度上受到融资的影响，而数字金融有利于缓解企业面临的融资约束，为企业研

发投入和创新发展提供更便利的融资来源，有利于企业获得金融支持和激发企业家创新精神，进而促进其全要素生产率提升。在与数字金融的跨业竞合以及同业竞争中，迫于“经济压力”和“社会压力”，传统商业银行不断地进行数字化转型，逐渐打破区域界线，收集和挖掘企业信息的能力和效率均得以提高，信贷资源错配得以矫正，使企业能够在相对公平的成本区间内融得资金，降低企业融资成本，激发企业创新，促进企业全要素生产率的提升。其次，数字金融对企业家创新活动的支持导致了技术溢出效应，技术的进步并不是自发产生的，是企业家通过学习和组合各种各样的新技术和新知识并使其进入生产环节后产生的。最后，以创新性为特征的数字金融发展也会产生创新溢出效应。数字金融通过数字技术搭建了一个稳定的平台，将各企业联系起来，增强了彼此之间的互动，增加了企业创新的渠道，激发了企业家创新精神，间接提升了企业全要素生产率。数字金融也为企业信息收集、处理和分析提供了更为便捷的手段，有利于提高企业家创新决策的有效性。

提高企业全要素增长率，推动企业高质量发展不仅需要积极发扬企业家创新精神，也需要发挥企业家契约精神对企业的积极作用。契约是一种平等的民主精神，是道德信条，也是现代经济建设的重要精神支撑、检验经济发展程度的重要标准。企业家契约精神包含了信用、自主等理念，是企业获得广泛社会认可的必要条件，也是经济有效发展和市场有序运行的“压舱石”。“信用”是企业家契约精神的核心，是保持长期商务未来的基石，也是企业家必须秉承的核心信念。与企业家创新精神不同，广义上的企业家契约精神更侧重于企业与社会的关系。一方面，数字金融中的互联网金融和金融科技可以帮助企业构建新的数字信任机制，形成信用名单，激发企业家契约精神，提高企业交易效率和成本，进一步提升企业形象，稳固合作关系，促进企业跨越式成长和企业全要素生产率的提升。另一方面，数字普惠金融缓解了交易双方的信息不对称，给予中小企业更多的信任，提升金融服务的可得性和覆盖率，给企业带来了新的变革和机遇。狭义上的企业家契约精神侧重于企业内部的信任。数字金融可以提高企业内部的信息透明度，有效降低公司成员的内部沟通成本，构建更加公平、诚信的内部环境，营造健康、和谐的工作氛围，增强职工归属感，形成双向信息交互，提高工作效率，从而提升企业全要素生产率。在公司治理方面，数字金融还可以更好地对企业资金和管理者进行监督，缓解代理问题。基于以上分析，提出假说 4-2。

假设 4-2：在其他条件一定的情况下，数字金融通过促进企业家创新精神和契约精神提高企业全要素生产率。

第四节 研究设计

一、样本选择和数据来源

本章选取 2011～2021 年我国 A 股上市公司作为研究对象，为了保证研究结果的准确性和可靠性，剔除了金融企业、样本期间 ST、PT 和退市的公司、刚上市不足一年的公司和变量数据存在严重缺失的公司。最终选取了 14306 个样本数据。为了避免极端值的影响，对所有连续变量都进行了 1% 和 99% 分位上的 Winsorize 缩尾处理。本章涉及的公司财务数据均来自 CSMAR 数据库。市场化指数数据来自《中国分省份市场化指数报告》。

二、变量定义和说明

（一）被解释变量

企业全要素生产率。关于企业全要素生产率的测量方法主要有 OP、LP、OLS 等。借鉴宋敏等（2021）的做法，选取 OP 法计算的企业全要素生产率，并借鉴鲁晓东和连玉君（2012）用 LP 法计算的全要素生产率做稳健性检验。

（二）解释变量

数字金融指数。选用 2011～2021 年北京大学互联网研究中心课题组发布的《数字普惠金融指数》作为核心解释变量衡量我国各地区的数字普惠金融发展水平，并分为数字金融覆盖广度指数、数字金融使用深度指数和普惠金融数字化指数三个子指标。其中，数字金融覆盖广度指数主要考察数字金融用户覆盖率；数字金融使用深度指数主要考察用户使用互联网金融服务的频率；普惠金融数字化指数主要考察数字金融的使用效率。

（三）中介变量

企业家创新精神和企业家契约精神。借鉴李宏彬等（2009）的做法，采用企业本年申请专利总量的对数来衡量企业家创新精神。借鉴余东华和王梅娟（2022）的做法，采用应付职工薪酬来衡量企业家契约精神。

（四）控制变量

考虑到对企业全要素生产率产生影响的因素，参照国内外相关的文献，选取了如下的控制变量：企业规模、公司年龄、杠杆水平、资产收益率和产权性质，并且控制了年份变量（*Year*）和行业变量（*Ind*）。

相关变量的具体定义见表4－1。

表4－1　变量定义

变量类型	变量名称	变量符号	变量说明
被解释变量	企业全要素生产率	*TFP*	OP法计算的企业全要素生产率
解释变量	数字金融	*DFI*	数字普惠金融指数
中介变量	企业家创新精神	*ESI*	ln(本年申请专利总量＋1)
	企业家契约精神	*ESC*	应付职工薪酬
控制变量	企业规模	*Size*	期末总资产的自然对数
	企业年龄	*Age*	样本年份－公司成立年份
	杠杆水平	*LEV*	期末总负债/期末总资产
	资产收益率	*ROA*	净利润/资产总额
	产权性质	*SOE*	国有企业＝1，非国有企业＝0

三、模型构建

为了验证数字金融对企业全要素生产率的影响，借鉴饶萍和吴青（2022）的做法，构建以下基准模型：

$$TFP_{i,t} = \alpha_0 + \alpha_1 DFI_{i,t} + \Sigma\alpha \times Controls_{i,t} + \varepsilon_{i,t} \tag{4-1}$$

为了考察企业家创新精神和契约精神在数字金融和企业全要素生产率两者间发挥的中介效应，构建如下模型：

$$TFP_{i,t} = \delta_0 + \delta_1 DFI_{i,t} + \Sigma\delta \times Controls_{i,t} + \varepsilon_{i,t} \tag{4-2}$$

$$ES_{i,t} = \beta_0 + \beta_1 DFI_{it} + \Sigma\beta \times Controls_{i,t} + \varepsilon_{i,t} \tag{4-3}$$

$$TFP_{i,t} = \gamma_0 + \gamma_1 DFI_{it} + \gamma_2 ES_{i,t} + \Sigma\gamma \times Controls_{i,t} + \varepsilon_{i,t} \tag{4-4}$$

其中，*TFP* 表示企业全要素生产率；*DFI* 表示数字普惠金融指数；*ES* 表示企业家精神，包括企业家创新精神（*ESI*）和契约精神（*ESC*）；控制变量包括企业规模（*Size*）、企业年龄（*Age*）、杠杆水平（*LEV*）、资产收益率（*ROA*）和产权性质（*SOE*）；ε 表示随机扰动项，下标 i、t 分别表示企业和时间。

第五节　实证结果与分析

一、描述性统计

模型（4－1）至模型（4－4）中的主要变量描述性统计见表 4－2。被解释变量企业全要素生产率（*TFP*）的均值为 16.229，中位数为 16.139，无明显偏态。数字普惠金融指数（*DFI*）的最小值为 29.740，最大值为 445.441，表明各地区数字金融程度差别较大。产权性质（*SOE*）的均值为 0.507，表明在全部样本中国有企业占比 50.7%。

表4-2　描述性统计

变量	样本数	均值	中位数	标准差	最小值	最大值
TFP	14306	16.229	16.139	1.057	13.758	18.881
DFI	14306	252.861	258.167	104.693	29.740	445.441
ESI	14306	10.419	0.000	39.074	0.000	388.000
ESC	14306	17.464	17.481	1.558	12.529	21.617
Size	14306	22.563	22.417	1.267	19.812	26.408
Age	14306	13.433	13.000	6.617	1.000	27.000
LEV	14306	0.454	0.458	0.196	0.055	0.909
ROA	14306	0.037	0.033	0.047	-0.267	0.187
SOE	14306	0.507	1.000	0.500	0.000	1.000

二、相关性分析

在回归前对各模型中主要变量进行了相关性系数检验，结果如表4-3所示，各变量间相关系数均小于0.5，表明不存在严重的多重共线性，选取变量符合预期。

表4-3　相关性分析

变量	*TFP*	*DFI*	*ESI*	*ESC*	*Size*	*LEV*	*ROA*	*SOE*
TFP	1							
DFI	0.172***	1						
ESI	0.077***	0.027***	1					
ESC	0.632***	0.273***	0.091***	1				
Size	0.801***	0.246***	0.072***	0.677***	1			
Age	0.261***	0.370***	-0.027***	0.243***	0.336***			
LEV	0.469***	0.018***	0.0100	0.265***	0.496***	1		
ROA	0.132***	-0.074***	0.047***	0.118***	0.022***	-0.316***	1	
SOE	0.270***	-0.031***	0.025***	0.231***	0.310***	0.262***	-0.070***	1

注：*** 表示在1%水平上显著。

三、回归分析

（一）基准回归结果

为了检验数字金融对企业全要素生产率的影响，本部分用模型（4－1）进行回归，结果如表4－4所示。表4－4的第（1）、第（2）、第（3）列分别是单变量、控制年度和行业、控制年度和行业以及其他变量的回归结果，数字普惠金融指数（*DFI*）对企业全要素生产率的回归系数分别为0.0018、0.0032和0.0029，均在1%的水平上显著，说明数字金融与企业全要素生产率均呈显著正相关关系，即数字金融促进企业全要素生产率提升，假设4－1成立。

表4－4　回归结果

变量	(1) *TFP*	(2) *TFP*	(3) *TFP*
DFI	0.0018 *** (24.77)	0.0032 *** (12.00)	0.0029 *** (17.88)
Size			0.6155 *** (126.98)
Age			0.0019 ** (2.07)
LEV			0.9643 *** (28.91)
ROA			3.7785 *** (31.32)
SOE			0.0676 *** (6.38)

续表

变量	(1) *TFP*	(2) *TFP*	(3) *TFP*
_cons	15.6394 *** (790.03)	15.2430 *** (269.66)	1.5570 *** (15.15)
Year	Yes	Yes	Yes
Ind	Yes	Yes	Yes
N	14306	14306	14306
调整 R^2	0.0294	0.1365	0.7413

注：** 和 *** 分别表示在5%和1%水平上显著；括号内为t值。

（二）中介效应检验

1. 企业家创新精神的中介效应

为了检验企业家创新精神在数字金融和企业全要素生产率之间关系中的中介效应，利用模型（4－2）至模型（4－4），通过逐步检验回归系数进行中介效应检验，一共分为三步。首先，检验数字金融与企业全要素生产率之间的关系，如表4－4所示，数字普惠金融指数（*DFI*）的回归系数为0.0029，在1%的水平上显著。其次，对中介效应模型进行回归，结果如表4－5所示，解释变量对企业家创新精神（*ESI*）的回归系数均显著为正，说明数字金融与企业家创新精神之间呈正相关。最后，将数字金融指标和企业家创新精神一起纳入回归模型，结果如表4－5的第（2）列所示，企业家创新精神对企业全要素生产率的回归系数显著为正，且数字普惠金融指数（*DFI*）对企业全要素生产率的回归系数分别为0.0029，且在1%的水平上显著，说明企业家创新精神在数字金融和企业全要素生产率之间发挥了部分中介作用，假设4－2成立。同时也说明企业家创新精神是数字金融促进企业全要素生产率的重要途径之一。

表 4 – 5　　企业家精神机制检验

变量	(1) *ESI*	(2) *TFP*	(3) *ESC*	(4) *TFP*
DFI	0.0454 *** (3.75)	0.0029 *** (17.89)	0.0032 *** (9.95)	0.0027 *** (16.28)
ESI		0.0003 *** (2.82)		
ESC				0.0769 *** (17.38)
Size	2.1027 *** (6.12)	0.6170 *** (124.56)	0.8433 *** (89.76)	0.5480 *** (89.74)
Age	–0.3569 *** (–5.70)	0.0019 ** (2.00)	0.0059 *** (3.21)	0.0012 (1.32)
LEV	6.9065 *** (3.45)	0.9547 *** (28.47)	0.0087 (0.14)	0.9698 *** (29.20)
ROA	47.5212 *** (5.88)	3.7234 *** (30.67)	4.1111 *** (18.44)	3.4912 *** (28.95)
SOE	5.5114 *** (7.08)	0.0675 *** (6.32)	0.1305 *** (6.17)	0.0604 *** (5.70)
_cons	–49.8335 *** (–7.17)	1.5308 *** (14.59)	–1.8646 *** (–9.51)	1.7594 *** (16.79)
Year	Yes	Yes	Yes	Yes
Ind	Yes	Yes	Yes	Yes
N	14306	14306	14306	14306
调整 R^2	0.0560	0.7380	0.5333	0.7412

注：** 和 *** 分别表示在5%和1%水平上显著；括号内为 t 值。

2. 企业家契约精神的中介效应

为了检验企业家契约精神在数字金融与企业全要素生产率之间的中介效应，采用逐步检验法进行中介效应检验。首先，由表 4 – 4 可知，数字金融与企业全要素生产率的回归系数显著为正。其次，对中介效应模型进行回归，结果如表 4－5 所示，数字普惠金融指数（*DFI*）对企业家契约精神（*ESC*）的回归系数为 0.0032，在 1% 的水平上显著。最后，由表 4－5 第（4）列可知，企业家契约精神（*ESC*）和数字金融对企业全要素生产率（*TFP*）的回归系数显著，表明在模型（4－4）中，γ_1 和 γ_2 均显著，企业家契约精神在数字金融和企业全要素生产率的关系中发挥部分中介作用。

四、稳健性检验

（一）工具变量法

由于我国互联网技术的发展始于固定电话的普及，固定电话的普及率在一定程度上可以衡量数字金融发展水平。固定电话是由邮局铺设，故邮局数量也满足相关性。固定电话数量和邮局数量对企业全要素生产率的影响较小，满足排他性。所以，为了解决数字金融的内生性问题，借鉴冉芳和谭怡（2021）的做法，选取 1984 年每百人固定电话数量和 1984 年百万人邮局数量作为工具变量。在第一阶段回归中，1984 年每百人固定电话数量的系数为 28.475，1984 年百万人邮局数量的系数为 0.071，均在 1% 的水平上显著，F 值为 1209.71，说明工具变量与解释变量的相关性强，排除弱工具变量的问题。第二阶段回归结果如表 4－6 所示，解释变量的回归系数为 0.0049，在 1% 的水平上显著为正，说明数字金融与企业全要素生产率的正相关关系依然存在。

表 4－6　　稳健性检验

变量	(1) *TFP*	(2) *TFP_LP*	(3) *TFP_F*	(4) *TFP*	(5) *TFP*
DFI	0.0049*** (8.97)	0.0023*** (13.59)	0.0028*** (15.50)	0.0029*** (16.49)	
DFI_2					0.3024*** (21.43)

续表

变量	(1) *TFP*	(2) *TFP_LP*	(3) *TFP_F*	(4) *TFP*	(5) *TFP*
Size	0.4296 *** (26.70)	0.6279 *** (121.43)	0.6101 *** (113.50)	0.6147 *** (112.14)	0.6221 *** (147.92)
Age	-0.0365 *** (-8.82)	0.0007 (0.75)	0.0007 (0.72)	0.0026 ** (2.51)	0.0019 ** (2.37)
LEV	1.8605 *** (19.90)	1.0337 *** (29.49)	0.9524 *** (25.86)	0.9739 *** (25.54)	0.8899 *** (31.52)
ROA	6.0019 *** (23.57)	3.6933 *** (30.07)	3.6744 *** (28.45)	3.8154 *** (27.74)	3.4969 *** (35.58)
SOE	0.2602 *** (8.30)	0.0651 *** (5.94)	0.0568 *** (4.87)	0.0743 *** (6.33)	0.0598 *** (6.32)
_cons	4.5844 *** (19.93)	-5.6576 *** (-52.15)	1.6975 *** (14.78)	1.5398 *** (13.18)	1.4745 *** (16.47)
Year	Yes	Yes	Yes	Yes	Yes
Ind	Yes	Yes	Yes	Yes	Yes
N	14306	14306	14306	14306	14306
调整 R^2	0.4984	0.7429	0.7150	0.7419	0.7383

注：** 和 *** 分别表示在5%和1%水平上显著；括号内为t值。

（二）替换被解释变量

为了保证回归结果的稳健性，借鉴鲁晓东和连玉君（2012）用LP法计算的全要素生产率替换被解释变量，利用模型（4-1）重新进行回归，结果如表4-6第（2）列所示。数字普惠金融指数（*DFI*）对企业全要素生产率（*TFP*）的回归系数为0.0023，在1%的水平上显著为正，说明数字金融与企业全要素生产率的正相关关系依然存在，结果稳健。

（三）更换计量方法

考虑到数字金融对企业全要素生产率的影响可能存在滞后性，将被解释变量前置一期，对模型（4－1）重新回归以检验回归结果的稳健性。回归结果如表4－6第（3）列所示，解释变量中数字普惠金融指数（*DFI*）的回归系数在1%的水平上显著为正，说明数字金融促进企业全要素生产率的提升，与前述回归结果并无明显差异，结果稳健。

（四）倾向得分匹配 PSM

为了缓解潜在的样本选择偏差，采用倾向得分匹配重新进行回归，结果如表4－6第（4）列所示，数字普惠金融指数（*DFI*）对企业全要素生产率（*TFP*）的回归系数为0.0029，并在1%的水平上显著为正，表明数字金融与企业全要素生产率显著正相关，结果具有稳健性。

（五）替换核心解释变量

将北京大学数字普惠金融指数数据除以100，重新计算各地区数字普惠金融发展水平。再次利用模型（4－1）进行回归，结果如表4－6第（5）列所示，数字金融与企业全要素生产率的正相关关系依然在1%水平上显著，与前述结论一致，表明结果存在一定的稳健性。

五、进一步分析

（一）数字金融维度分析

将数字金融分为数字金融覆盖广度（*BREAD*）、数字金融使用深度（*DEP*）和普惠金融数字化（*DIG*）三个维度分别回归，结果如表4－7所示，三个分指标的回归系数分别为0.0025、0.0022和0.0017，均在1%的水平上显著，说明数字金融三个分指标与企业全要素生产率均呈显著正相关关系，即数字金融的三个方面均促进企业全要素生产率提升。其中，数字金融使用深度指数（*DEP*）对企业全要素生产率（*TFP*）的正向影响最大，说明数字技术应用程度越大，对企业全要素生产率的影响越大。

表4-7　数字金融维度回归

变量	(1) *TFP*	(2) *TFP*	(3) *TFP*
BREAD	0.0025*** (16.97)		
DEP		0.0022*** (19.12)	
DIG			0.0017*** (8.69)
Size	0.6149*** (126.46)	0.6172*** (127.72)	0.6225*** (79.55)
Age	0.0018** (1.99)	0.0018* (1.94)	0.0042*** (2.84)
LEV	0.9603*** (28.70)	0.9602***	0.8575*** (15.70)
ROA	3.7724*** (31.20)	3.7730*** (31.28)	3.9687*** (18.60)
SOE	0.0668*** (6.31)	0.0714*** (6.74)	0.0508*** (2.99)
_cons	1.5758*** (15.34)	1.5387*** (15.03)	1.2677*** (7.50)
Year	Yes	Yes	Yes
Ind	Yes	Yes	Yes
N	14306	14306	14306
调整 R^2	0.7405	0.7417	0.7414

注：*、** 和 *** 分别表示在10%、5%和1%水平上显著；括号内为t值。

（二）异质性检验

1. 产权性质

产权性质不同对数字金融的反应程度也不同。国有企业由于其承担了稳定经济和调节就业的社会责任，其战略目标不会随着数字金融的普及有太大转变，因此，对金融环境改善的反应有限。民营企业的融资比国有企业困难，当数字普惠金融不断发展，降低了资本市场中的信息不对称，扩大了企业的资金来源，民营企业可以及时调整发展战略，分享数字金融带来的极大便利，优化资源配置，提高企业全要素生产率。本部分将全部样本按产权性质分为国有企业和民营企业，按照模型（4-1）进行回归，结果如表4-8所示，数字普惠金融指数（*DFI*）对国有企业和民营企业的全要素生产率的回归系数分别为0.0020和0.0039，均在1%的水平上显著，费舍尔组合检验p值为0.001，回归系数在民营企业更高，说明数字金融对企业全要素生产率的促进作用在民营企业更显著。

表4-8　　产权性质异质性分析

变量	国有企业 (1) *TFP*	民营企业 (2) *TFP*
DFI	0.0020*** (8.70)	0.0039*** (16.79)
Size	0.6259*** (100.75)	0.6094*** (75.11)
Age	0.0070*** (5.50)	-0.0045*** (-3.27)
LEV	0.7983*** (16.15)	1.1241*** (25.20)
ROA	3.9720*** (21.58)	3.6332*** (23.82)
_cons	1.5277*** (11.28)	1.5913*** (9.45)
Year	Yes	Yes
Ind	Yes	Yes
N	7253	7053
调整 R^2	0.7342	0.7312

注：*** 表示在1%水平上显著；括号内为t值。

2. 行业竞争程度

由于现实生活中各个行业竞争程度不同，企业面临的融资约束也不同。行业竞争程度大的企业更需要通过技术研发、扩大规模等方式提高核心竞争力和抢占市场份额，对资金的需求量也就更大。数字金融带来的融资成本的降低和融资数量的增加能够有效缓解企业资金短缺的问题，进而提高企业全要素增长率。本部分将企业样本按照中位数分组的规则，区分为行业竞争程度大和行业竞争程度小的样本，从表4－9的第（1）列和第（2）列可知，数字普惠金融总指数（*DFI*）对于行业竞争程度大和行业竞争程度小的企业全要素生产率的影响系数分别为0.0051和0.0027，费舍尔组合检验p值为0，两个系数都在1%的水平上显著，但数值在行业竞争程度大的企业更高，说明数字金融对企业全要素生产率的促进作用在行业竞争程度大的企业更显著。

表4－9　　　　行业竞争程度异质性分析

变量	行业竞争程度大 (1) *TFP*	行业竞争程度小 (2) *TFP*
DFI	0.0051 *** (14.88)	0.0027 *** (13.40)
Size	0.5388 *** (56.68)	0.5770 *** (98.88)
Age	−0.0041 ** (−2.17)	0.0054 *** (4.96)
LEV	1.1187 *** (17.47)	1.1312 *** (28.29)
ROA	4.0697 *** (15.34)	4.1096 *** (29.60)
SOE	−0.0352 (−1.61)	0.0543 *** (4.28)
_cons	3.1545 *** (16.43)	2.4912 *** (21.17)

续表

变量	行业竞争程度大 (1) *TFP*	行业竞争程度小 (2) *TFP*
Year	Yes	Yes
Ind	Yes	Yes
N	4598	9708
调整 R^2	0. 6321	0. 7193

注：** 和 *** 分别表示在 5% 和 1% 水平上显著；括号内为 t 值。

3. 企业规模

小规模企业的市场议价能力低、担保物和抵押物不足和信息能力不透明导致其融资困难。本质上的原因是中小企业金融发展水平低、外部金融体系不完善。而规模大的企业通常拥有更高的市场地位，借助其抵押资产多、议价能力强等优势，更易从金融机构获取融资。数字金融具有普惠的特点，降低了金融服务的门槛，扩大了金融服务范围，有效拓展了小规模企业的融资途径。基于此，本部分按照中位数分组，将样本分为小规模企业和大规模企业，分组回归结果如表 4 – 10 所示。数字普惠金融指数（*DFI*）对小规模企业和大规模企业的回归系数分别为 0. 0032 和 0. 0025，均在 1% 的水平上显著为正，数值在小规模企业的组别更高。模型也通过了费舍尔组合检验，p 值为 0，说明在小规模企业中，数字金融促进企业全要素生产率提升的作用更强。

表 4 – 10　　企业规模异质性分析

变量	大规模企业 (1) *TFP*	小规模企业 (2) *TFP*
DFI	0. 0025 *** (11. 02)	0. 0032 *** (14. 12)

续表

变量	大规模企业 (1) *TFP*	小规模企业 (2) *TFP*
Size	0. 6174 *** (74. 12)	0. 5914 *** (51. 61)
Age	-0. 0014 (-1. 05)	0. 0035 *** (2. 74)
LEV	0. 9019 *** (15. 47)	0. 9964 *** (24. 22)
ROA	4. 3254 *** (21. 29)	3. 3693 *** (23. 05)
SOE	0. 0545 *** (3. 47)	0. 0596 *** (4. 10)
_cons	1. 4376 *** (7. 04)	2. 0895 *** (8. 80)
Year	Yes	Yes
Ind	Yes	Yes
N	6508	7798
调整 R^2	0. 6007	0. 5108

注：*** 表示在1%水平上显著；括号内为t值。

第六节　研究结论与启示

提高金融服务的质量和效率已经成为推动我国经济高质量发展的重要因素之一。随着数字技术的蓬勃发展和与金融服务的不断融合，数字金融越来越广泛，为企业融资难、融资贵提供了纾解途径，也为企业全要素生产率的提升带来了新的机遇。基于此，本章以2011～2021年我国A股上市公司作为研究对象，探究了数字金融对企业全要素生产率的影响，并验证了企业家创新精神和契约精神在二者间发挥的中介效应。主要结论为：第一，数字金融能够促进企业全要素生产率的提升。在考虑了内生性问题，经过一系列稳健性检验后，结论依然成立。第二，企业家创新精神和契约精神在数字金融对企业全要素生产率的影响中发挥了部分中介效应。第三，数字金融覆盖广度、使用深度和数字化程度三个维度对企业全要素生产率均有显著的促进作用，数字金融对企业全要素生产率的促进作用具有产权性质、行业竞争程度和规模的异质性。数字金融对民营企业、行业竞争程度大的企业和小规模企业的全要素生产率的促进作用更为显著。

本章研究得出以下启示：一是要大力发展数字金融，加强数字金融基础设施建设，引导其服务于实体经济，促进企业全要素生产率提升。发挥数字金融数字化和普惠化的特点，使金融服务便捷化，降低金融服务门槛，增加可得性，减少企业融资成本，有效纾解“长尾”困境，扩大金融服务范围，不断提高数字金融用户覆盖率，缓解中小企业融资难、融资贵的问题，为其生产经营提供资金支持，以提高全要素生产率。二是发扬企业家创新精神和契约精神，充分发挥其对企业全要素生产率的促进作用。企业家精神是实现高质量发展的重要因素。企业要发挥数字金融对企业家精神的激发作用，依托数字经济充分发挥企业家精神对企业全要素生产率的促进作用。三是数字金融对民营企业、行业竞争程度大的企业和小规模企业的全要素生产率的促进作用更为显著，说明缓解这些企业融资难的问题需要依托覆盖广、有层次、有差异的数字金融体系，制定差异化的金融产品以弥补传统金融服务的不足。

第五章

数字金融与企业权益资本

第一节　引　　言

党的二十大报告提出，加快实施创新驱动发展战略。科技赋能发展，创新决胜未来。创新发展理念正在作为数字经济的重要推动力，引领数字经济走向蓬勃发展。而技术创新是一种风险高、周期长和收益不确定的经济活动，企业开展创新活动最大的困难在于资金限制。企业创新的行稳致远需要金融资源作为支撑。目前我国的金融体系发展不完善，以银行业为主导的传统金融机构出于资金安全和创新回报等因素的考虑，会对企业创新信贷配置不均衡，因而传统金融带来的融资渠道不稳定、融资规模滞后等问题是阻碍企业创新活动的首要问题。随着数字经济的兴起，2016 年 G20 峰会上提出了利用数字技术推动普惠金融发展的“数字普惠金融”的概念。相对于传统金融，数字金融的发展通过信息化技术及产品创新，降低了使用金融服务产品的成本，提高了金融资源配置效率，扩大了金融服务的覆盖范围。同时，也改善了流通环节，优化了资本要素的配置。数字金融为金融健康有序地助力实体经济发展提供了有力的指引。

权益资本是企业股东用部分企业所有权来换取融资的一种方式，可以扩大企业资本，吸引新的股东。权益资本成本是投资者对预期要承担的企业风险水平所要求的回报率，其本质是股权投资者对企业预期的未来现金流量进行贴现以确定当前股价的折现率，反映投资者对企业未来经营风险的预期和估计。作为普通股股东，投资者不仅享有企业的剩余收益，而且也是企业风险的最终承担者，其要求的报酬率是对企业的预期收益和风险权衡的结果，预期收益的不确定性越大，投资者要求的报酬率就越高。权益资本成本是企业制定投融资政策、保护股东权益和选择股利政策的基础，对资源配置效率和资本市场运行产生重要影响。权益资本成本是权益资本的必要报酬率，即企业使用它所必须支付的最低报酬，它是财务管理的核心概念之一，权益资本成本的高低是人们衡量最优资本结构、股票的价值和新股发行的价值、评估会计系统的透明度、公司治理情况和企业经营绩效的重要参考指标，因此，对于权益资本成本影响因素的研究具有重要的意义。

我国企业普遍面临着融资难、融资贵问题，融资困境一直是阻碍其创新发展的“顽疾”，也是制约中国经济由高速发展向高质量发展的“瓶颈”之一。同时，近几年，在新冠疫情的冲击下，我国经济发展的不确定性因素增加，不少企业生产经营困难，面临着更严重的资金短缺问题。与此同时，自 2013 年党的十八届三中全会首次引入普惠金融理念以来，“发展普惠金融”多次出现在政府工作报告中。2017 年 7 月，习近平总书记首次提出“建设普惠金融体系”，并明确我国普惠金融数字化的发展方向。2022 年政府工作报告提出扩大普惠金融覆盖面，加强金融对实体经济的有效支持。因此，发展数字金融已成为我国经济、金融发展的重中之重。那么，数字金融能否降低企业权益资本成本，改善其融资困境呢？

本章选取 2011 ~ 2021 年我国沪深 A 股上市公司作为研究样本，探索数字金融与企业权益资本成本的关系。研究发现，数字金融发展程度与权益资本成本显著负相关，并以信息不对称、融资约束为中介变量，阐述数字金融影响企业权益资本成本的作用机制，数字金融通过缓解信息不对称性、融资约束，进而使得企业权益资本成本降低；进一步研究表明，数字金融对企业权益资本成本的影响效应在市场化程度低的企业、非国有企业以及我国东部地区的企业更加显著。

本章的可能贡献为：一是将数字金融与面向微观主体经济的企业权益资本成本结合，将权益资本成本纳入数字金融的研究框架中，完善了数字金融与企业资本成本关系的研究；二是通过开展路径研究，把微观主体的发展映射应用至宏观经济政策治理方面，为这方面的研究提供借鉴；三是拓宽了企业权益资本成本的影响因素研究，学者们对企业权益资本成本影响因素的研究内容较丰富，但是从数字金融角度研究权益资本成本的很少，通过探析数字金融与企业权益资本成本之间的关系，丰富了权益资本成本影响因素的相关文献。

第二节 文献综述

一、数字金融的经济后果

数字金融"普惠性""包容性"等特征对经济社会的影响呈现多样化特点。现有文献分别从宏观层面、中观层面以及微观层面对数字金融的经济后果进行了讨论。在宏观层面，杜帕斯和罗宾逊（Dupas and Robinson，2013）研究发现，数字金融能够起到提高资源配置效率、促进经济平稳运行的作用；李建军等（2020）通过实证表明，数字金融的发展有利于缩小城乡间收入差距，从而促进城乡协调发展。在宏观层面，部分学者研究表明，数字金融能够促进企业聚焦于主业发展，进行实业化投资，抑制实体企业"脱实向虚"。也有学者研究表明数字金融对乡村振兴发展、农民收入提升具有积极作用。在微观层面，学者主要从财务决策角度分析了数字金融对企业研发创新活动的促进作用；从财务风险角度分析了数字金融对企业健康发展的作用机制。

二、企业权益资本成本的影响因素

权益资本成本受到诸多因素的影响，国内外学者主要从公司内部和外部这两个角度展开研究。在内部影响因素方面，李力等（2019）以重污染行业上市公司为样本，研究发现企业碳绩效与碳信息披露质量显著正相关，且碳信息披露质量越高，企业权益资本成本越低。魏卉和姚迎迎（2019）提出技术创新会通过提高企业竞争力和吸引投资者关注来降低企业权益资本成本。在复杂多变的经济形势下，外部环境对企业权益资本成本的影响研究逐渐深化。封雨和叶敏文（2014）研究发现，发达的金融市场环境会通过完善信息披露机制等路径对企业权益资本成本产生影响。喻灵（2017）以A股上市公司为样本，研究发现股价崩盘风险与企业权益资本成本显著正相关，并且机构投资者的信息传递作用会显著降低股价崩盘风险对企业权益资本成本的影响。

综上所述，数字金融扩大了金融惠及范围，改善了传统金融服务方式，提高了金融资源配置效率，为优化企业资本投资带来了契机。现有文献分别探讨了数字金融对企业创新、金融化以及债务融资成本的影响。合理的资本结构对企业发展具有重要意义，长期被学术界所关注。然而，当前数字金融对被投入企业资本结构的影响研究多涉及债务融资方面，而关于数字金融如何影响上市公司权益融资的研究相对较少。基于此，本章以2011～2021年我国A股上市公司为样本，对数字金融与企业权益资本成本之间的关系进行探究。

第三节　理论分析与假设提出

以普惠金融为主的数字金融，其包容性理念和“草根”特性可能与企业融资需求特征相契合，对改善企业融资环境、降低企业融资成本具有积极意义。

首先，数字金融可以通过缓解信息不对称来降低权益资本成本。与企业经营者相比，外部投资者处于信息劣势地位，当双方间信息不对称程度较高时，企业可能利用内幕消息损害外部投资者的利益。为避免信息不对称引发的逆向选择和道德风险问题，外部投资者会要求企业提供一定溢价作为风险补偿，致使企业资本成本上升。而数字金融借助人工智能、大数据、互联网以及区块链等多项技术，不仅能够以低成本进行海量信息的收集、整合和处理，还能提高市场信息效率，减少信息损失，这大大缓解了信息不对称及其引致的逆向选择和道德风险问题，可降低投资者为补偿信息不对称风险所要求的风险溢价。

其次，数字金融的发展可以通过缓解企业融资约束来降低企业权益资本成本。谢平和邹传伟（2012）指出，互联网技术与金融服务的结合对减少信息不对称、降低交易成本以及提高资源配置效率大有裨益。王馨（2015）以“长尾”理论为基础研究数字金融是否可以解决小微企业融资难问题，研究结论表明数字金融减轻了信贷配给，提高了金融资源的合理配置。邹伟与凌江怀（2018）利用熵值——关联度法构建传统普惠金融指数，减少融资约束指数。滕磊（2020）首先从理论上证明了数字金融可以破解中小企业信贷市场上的融资悖论，从而获得更多的融资机会与更低的融资成本；之后再使用数字金融指数分指数“数字金融的使用深度”，根据其细分的六类金融服务模式进行实证研究发现，投资和信贷服务对中小企业的融资约束缓解效用最明显，排在其后的是保险和支付服务，它们增加了市场资金总量并且扩展了融资渠道。此外，数字金融还会推动传统金融机构接纳新的金融科技，金融科技赋能下的传统金融机构能够缓解信贷配给问题，最终结果是信贷配置效率上升，企业平均融资约束水平降低。融资约束下降能减少企业对高成本资金的需求，企业权益资本成本也随之降低。基于以上分析，提出假设 5－1。

假设 5－1：在其他条件一定的情况下，数字金融与企业权益资本成本显著负相关，即数字金融发展程度越高，企业权益资本成本越低。

第四节　研究设计

一、样本选择和数据来源

以 2011 ~2021 年我国 A 股上市公司作为研究样本，并对原始数据进行如下处理：（1）剔除金融、保险行业上市公司数据；（2）剔除 ST、* ST 上市公司；（3）对样本中所有连续型变量进行 1% 的缩尾处理；（4）剔除相关变量存在缺失值的样本。经过处理，最终得到 17577 个样本。

二、变量定义和说明

（一）被解释变量

权益资本成本是投资者要求的最低报酬率，现有研究多采用事前估计方法计算权益资本成本。其中，PEG 模型综合考虑了公司成长性和价值性，采用分析师预测数据分年度估计资本成本，能够降低非正常收益和股利支付对企业权益资本成本的影响。因此，本研究采用 PEG 模型度量权益资本成本，其计算方法如下：

$$R_{i,t} = \sqrt{\frac{EPS_{i,t+2} - EPS_{i,t+1}}{P_{i,t}}} \tag{5-1}$$

其中，$R_{i,t}$为公司权益资本成本，EPS 为分析师预测的每股净收益，P 为公司期末股票收盘价。

（二）解释变量

采用北京大学数字普惠金融指数来衡量数字金融的发展程度。该指数是由北京大学互联网金融研究中心联合蚂蚁科技集团编制而成，涵盖中国各省（不含港、澳、台地区）、地级市及县域。本章选取省级层面总指数与企业匹配。

（三）控制变量

为控制对权益资本成本和数字金融可能产生影响的因素，借鉴毛新述等（2012）、李慧云和刘镝（2016）的研究，选取资产负债率、净资产收益率、营业收入增长率等作为回归分析的控制变量。除此之外还控制了个体固定效应和年度固定效应。

相关变量具体定义见表5-1。

表5-1　　　　变量定义

变量类型	变量名称	变量符号	变量说明
被解释变量	企业权益资本成本	*Peg*	采用PEG模型度量
解释变量	数字金融	*Index*	数字普惠金融指数
控制变量	企业规模	ln*Size*	企业年总资产的自然对数
	资产负债率	*Lev*	年末总负债除以年末总负债
	独立董事比例	*Indep*	独立董事除以董事人数
	两职合一	*Dual*	董事长与总经理是同一个人为1，否则为0
	第一大股东持股比例	*Top*1	第一大股东持股数量/总股数
	董事人数	*Board*	董事会人数取自然对数
	净资产收益率	*Roe*	净利润/所有者权益平均余额
	营业收入增长率	*Growth*	本年营业收入/上一年营业收入-1
	上市年限	*ListAge*	ln(当年年份-上市年份+1)
	公司成立年限	*FirmAge*	ln(当年年份-公司成立年份+1)

三、模型构建

为了检验本章的回归模型是选择固定效应模型还是随机效应模型，进行Housman检验，如表5-2所示。

表 5 – 2　　Housman 检验

Test：Ho：difference in coefficients not systematic
$chi^2(39) = (b - B)'[(V\_b - V\_B)^{\wedge}(-1)](b - B)$ $= 375.62$ $Prob > chi^2 = 0.0000$

从检验的结果来看，p 值为 0，在 1% 的水平上显著正相关，说明使用固定效应模型是比较合适的。

为了考察数字金融对上市公司权益资本成本的影响，借鉴李慧云和刘镝（2016）、道伊尔等（Doyle et al.，2007）对权益资本成本影响因素的研究，构建检验模型（5 – 2）。

$$Peg_{i,t} = \beta_0 + \beta_1 Index_{i,t} + \sum \beta \times Contorals_{i,t} + \sum Year + \sum Ind + \varepsilon_{i,t} \tag{5-2}$$

第五节　实证结果与分析

一、描述性统计

表 5 – 3 列示描述性统计结果。统计结果显示，权益资本成本（*Peg*）的平均值是 0.1075，最大值为 0.2349，最小值为 0.0323，表明公司间的权益资本成本存在较大差异。数字金融（*Index*）的平均值为 267.6987，最大值为 445.4406，最小值为 32.42，标准差为 106.4426，说明中国数字金融发展迅速，发展水平较高。但最大值与最小值差距较大，表明企业数字金融发展程度存在较大差异，数字金融水平发展不均衡。部分企业数字金融发展程度较低，对数字金融的重视程度还有待提升。融资约束（*Sa*）均值为 –3.7777，最大值为 –3.1277，最小值为 –4.3819，两者

差距较大，说明 A 股上市公司普遍存在融资约束，但不同公司间差别较大。

表 5－3　　　　　　　　　　描述性统计

变量	样本数	平均数	中位数	标准差	最小值	最大值
Peg	17577	0.1075	0.1038	0.0381	0.0323	0.2349
Index	17577	267.6987	276.3057	106.4426	32.4200	445.4406
Sa	17577	－3.7777	－3.7783	0.2455	－4.3819	－3.1277
ln*Size*	17577	22.3649	22.1886	1.2749	20.1439	26.2963
Lev	17577	0.4019	0.3948	0.1956	0.0505	0.8370
Roe	17577	0.0611	0.0534	0.0503	－0.0735	0.2282
Growth	17577	0.2092	0.1440	0.3437	－0.3875	2.0365
Board	17577	2.1336	2.1972	0.1968	1.6094	2.7081
Indep	17577	0.3751	0.3529	0.0531	0.3333	0.5714
Dual	17577	0.2991	0.0000	0.4579	0.0000	1.0000
*Top*1	17577	0.3514	0.3335	0.1491	0.0889	0.7501
ListAge	17577	1.9550	2.0794	0.8994	0.0000	3.2958
FirmAge	17577	2.8499	2.8904	0.3404	1.7918	3.4965

二、相关性分析

与企业权益资本成本有关的变量相关性结果如表 5－4 所示，从相关性的结果来看，数字金融和企业权益资本成本的相关系数为－0.109，在 1%的水平上显著负相关，说明二者之间存在显著的负向关系。

表 5-4　　相关性分析

变量	*Peg*	*Index*	*Sa*	ln*Size*	*Lev*	*Roe*	*Growth*	*Board*	*Indep*	*Dual*	*Top*1	*ListAge*
Peg	1											
Index	-0.109***	1										
Sa	0.047***	-0.337***	1									
ln*Size*	0.140***	0.178***	-0.069***	1								
Lev	0.212***	0.001	-0.097***	0.592***	1							
Roe	-0.036***	0.055***	0.017**	-0.208***	-0.438***	1						
Growth	0.041***	0.032***	0.028***	-0.014*	0.043***	0.209***	1					
Board	-0.008	-0.141***	-0.011	0.249***	0.158***	-0.074***	-0.049***	1				
Indep	0.022***	0.071***	0.040***	0.023***	-0.002	0.013*	0.009	-0.534***	1			
Dual	0.004	0.084***	0.089***	-0.205***	-0.152***	0.082***	0.049***	-0.186***	0.114***	1		
*Top*1	-0.030***	-0.093***	0.124***	0.188***	0.090***	0.046***	-0.051***	0.014*	0.061***	-0.046***	1	
ListAge	0.029***	0.060***	-0.428***	0.525***	0.401***	-0.259***	-0.077***	0.170***	-0.023***	-0.252***	-0.032***	1
FirmAge	-0.030***	0.373***	-0.892***	0.256***	0.191***	-0.066***	-0.049***	0.057***	-0.008	-0.113***	-0.076***	0.486***

注：*、** 和 *** 分别表示在 10%、5% 和 1% 水平上显著。

三、多重共线性检验

为了检验本章的变量是否存在严重的多重共线性问题，进行了 VIF 方差膨胀因子检验（见表 5－5）。从检验的结果来看，变量的 VIF 值最大为 6.18，小于临界值 10，说明变量不存在严重的多重共线性问题。

表 5－5　多重共线性检验

变量	VIF	1/VIF
FirmAge	6.18	0.1618
Sa	6.04	0.1656
ln*Size*	2.54	0.3932
ListAge	1.98	0.5045
Lev	1.94	0.5162
Board	1.62	0.6166
Indep	1.47	0.6798
Roe	1.38	0.7243
Index	1.36	0.7360
Dual	1.11	0.8979
*Top*1	1.1	0.9064
Growth	1.09	0.9147
Mean VIF	2.32	

四、单位根检验

为了检验本章变量是否存在单位根的影响，进行了 ADF 单位根检验（见表 5－6）。从检验的结果来看，变量的结果都在 1% 的水平上显著拒绝原假设，说明变量不存在单位根的影响。

表 5 -6　　单位根检验

变量	统计值	p 值
Peg	52. 3505	0
Index	29. 6562	0
Sa	29. 093	0
ln*Size*	35. 1813	0
Lev	32. 3751	0
Roe	34. 6412	0
Growth	55. 7664	0
Board	41. 6468	0
Indep	43. 4438	0
Dual	19. 1613	0
*Top*1	56. 5375	0
ListAge	594. 9552	0
FirmAge	581. 6818	0

五、回归分析

回归结果如表 5 -7 所示，在控制了个体、年份和行业后数字金融的回归系数为 -0. 0204，依旧在 1% 的水平上显著负相关，说明数字金融发展程度与企业权益资本成本负相关，随着数字金融发展程度的提高，降低了企业权益资本成本，假设 5 -1 得以检验。

表 5 -7　　回归结果

变量	(1) *PEG*	(2) *PEG*	(3) *PEG*	(4) *PEG*
Index	-0. 0055 *** (-18. 33)	-0. 0107 *** (-11. 31)	-0. 0205 *** (-11. 32)	-0. 0204 *** (-11. 23)
ln*Size*	0. 4233 *** (13. 17)	1. 0445 *** (11. 76)	0. 7601 *** (9. 15)	0. 6984 *** (8. 31)

续表

变量	(1) *PEG*	(2) *PEG*	(3) *PEG*	(4) *PEG*
Lev	4. 2844 *** (21. 92)	2. 3023 *** (6. 55)	2. 1516 *** (6. 66)	2. 2401 *** (6. 91)
Roe	5. 3306 *** (8. 30)	5. 6113 *** (6. 57)	2. 9308 *** (3. 75)	2. 8458 *** (3. 64)
Growth	0. 0752 (0. 90)	-0. 2103 ** (-2. 39)	-0. 1341 * (-1. 65)	-0. 1231 (-1. 51)
Board	-1. 5403 *** (-8. 64)	0. 0073 (0. 02)	-0. 7485 ** (-2. 45)	-0. 6585 ** (-2. 15)
Indep	-0. 9602 (-1. 53)	0. 67 (0. 66)	0. 0141 (0. 02)	0. 2591 (0. 28)
Dual	0. 2826 *** (4. 45)	0. 1428 (1. 40)	0. 112 (1. 21)	0. 1141 (1. 23)
*Top*1	-2. 3747 *** (-12. 23)	-0. 1471 (-0. 27)	-0. 1851 (-0. 38)	-0. 1768 (-0. 36)
ListAge	-0. 3618 *** (-8. 57)	0. 7786 *** (6. 84)	0. 7985 *** (7. 60)	0. 8018 *** (7. 64)
FirmAge	-0. 0311 (-0. 31)	-1. 2554 ** (-2. 36)	-2. 0681 *** (-3. 99)	-1. 9130 *** (-3. 69)
_cons	5. 8820 *** (7. 64)	-9. 1689 *** (-3. 94)	3. 1033 (1. 35)	5. 2304 ** (2. 14)
Stkcd	No	Yes	Yes	Yes
Year	No	No	Yes	Yes
Ind	No	No	No	Yes
N	17577	17577	17577	17577
调整 R^2	0. 0818	0. 0477	0. 2103	0. 2147

注：*、** 和 *** 分别表示在 10%、5% 和 1% 水平上显著；括号内为 t 值。

六、稳健性检验

为提升上述解释结果分析的稳健性和有效性，进行如下稳健性检验：

第一，替换被解释变量的度量方式，采用 OJ 模型替代 PEG 模型测度权益资本成本，以此来检验回归结果的稳健性，结果如表 5－8 所示。从表 5－8 中第（4）列的回归结果来看，数字金融的回归系数为－0.0221，在 1% 的水平上显著负相关，说明数字金融对于企业权益资本成本有显著的负向影响。

表 5－8　　稳健性检验

变量	(1) *OJ*	(2) *OJ*	(3) *OJ*	(4) *OJ*
Index	－0.0049*** (－11.96)	－0.0121*** (－9.23)	－0.0223*** (－8.53)	－0.0221*** (－8.44)
ln*Size*	0.3568*** (8.22)	0.7984*** (6.50)	0.5041*** (4.21)	0.4470*** (3.69)
Lev	3.7876*** (14.34)	1.7388*** (3.58)	1.5708*** (3.37)	1.6603*** (3.55)
Roe	3.7375*** (4.31)	1.6359 (1.39)	－1.1405 (－1.01)	－1.176 (－1.04)
Growth	0.0417 (0.37)	－0.0652 (－0.53)	0.0208 (0.18)	0.0282 (0.24)
Board	－1.6037*** (－6.66)	－0.1301 (－0.28)	－0.9226** (－2.09)	－0.8357* (－1.89)
Indep	－0.7038 (－0.83)	－0.3086 (－0.22)	－0.9996 (－0.75)	－0.7782 (－0.58)
Dual	0.4481*** (5.22)	0.2626* (1.87)	0.2296* (1.72)	0.2265* (1.69)

续表

变量	(1) *OJ*	(2) *OJ*	(3) *OJ*	(4) *OJ*
*Top*1	-1.7063*** (-6.51)	1.5701** (2.12)	1.5390** (2.18)	1.5876** (2.24)
ListAge	-0.1842*** (-3.23)	1.1749*** (7.46)	1.2175*** (8.05)	1.2271*** (8.10)
FirmAge	-0.3116** (-2.27)	-0.1911 (-0.26)	-0.9823 (-1.31)	-0.8145 (-1.09)
_cons	10.3861*** (9.99)	-3.9639 (-1.23)	8.6120*** (2.60)	11.4440*** (3.25)
Stkcd	No	Yes	Yes	Yes
Year	No	No	Yes	Yes
Ind	No	No	No	Yes
N	17577	17577	17577	17577
调整 R^2	0.0387	0.0219	0.1196	0.1227

注：*、** 和 *** 分别表示在 10%、5% 和 1% 水平上显著；括号内为 t 值。

第二，为了检验内生性是否会对研究结果产生影响，使用解释变量的滞后一期作为工具变量进行回归，以此来检验研究结果的稳健性，如表 5-9 所示。从第一阶段的回归结果来看，数字金融的回归系数为 0.9031，在 1% 的水平上显著正相关，说明工具变量和解释变量存在显著的正向关系，工具变量的选择比较恰当。从第二阶段的回归结果来看，数字金融的回归系数为 -0.0102，在 1% 的水平上显著负相关。

表 5-9　　内生性检验

变量	第一阶段 *Index*	第二阶段 *Peg*
Index	0.9031*** (209.83)	

续表

变量	第一阶段 *Index*	第二阶段 *Peg*
Index		−0.0102*** (−3.63)
ln*Size*	0.9685*** (5.24)	0.6597*** (6.02)
Lev	−1.0608 (−1.56)	2.4188*** (6.03)
Roe	1.7612 (1.13)	2.0178** (2.20)
Growth	−0.078 (−0.46)	−0.1413 (−1.41)
Board	−0.8587 (−1.36)	−0.6663* (−1.78)
Indep	−0.6341 (−0.34)	0.2309 (0.21)
Dual	0.0302 (0.16)	0.0822 (0.75)
*Top*1	0.5939 (0.57)	−0.3141 (−0.51)
ListAge	0.5846* (1.78)	0.5438*** (2.80)
FirmAge	11.3612*** (10.28)	−0.4573 (−0.69)
Stkcd	Yes	Yes
Year	Yes	Yes
Ind	Yes	Yes
N	12290	11803
调整 R^2	0.9964	0.1786

注：*、** 和 *** 分别表示在 10%、5% 和 1% 水平上显著；括号内为 t 值。

七、进一步分析

(一) 机制检验

1. 信息不对称性

参考温忠麟等（2014）的中介模型检验方法，建立模型（5 –3）、模型（5 –4）。

$$ASY_{i,t} = \beta_0 + \beta_1 Index_{i,t} + \sum \beta \times Contorals_{i,t} + \sum Year + \sum Ind + \varepsilon_{i,t} \tag{5-3}$$

$$Peg_{i,t} = \beta_0 + \beta_1 Index_{i,t} + \beta_2 ASY_{i,t} + \sum \beta \times Contorals_{i,t} + \sum Year + \sum Ind + \varepsilon_{i,t} \tag{5-4}$$

从表 5 –10 的第（1）列来看，数字金融的回归系数为 –0. 00002，且在 5% 的水平上显著负相关，说明数字金融负向影响企业权益资本成本。第（2）列结果表明，数字金融的回归系数为 –0. 00007，且通过了 10% 水平下的显著性测试，即数字金融与信息不对称性二者显著负相关，数字金融发展程度的提高显著降低了信息不对称性。第（3）列结果表明，数字金融的回归系数为 –0. 00002，信息不对称性的回归系数为 0. 01795，二者皆通过了显著性测试，即信息不对称性在数字金融和企业权益资本成本之间的中介效应成立，数字金融通过缓解信息不对称性进而降低企业权益资本成本。

表 5 –10 信息不对称性机制检验

变量	(1) *PEG*	(2) *ASY*	(3) *PEG*
Index	–0. 00002 ** (–2. 14)	–0. 00007 * (–1. 05)	–0. 00002 ** (–2. 03)
ln*Size*	0. 00354 *** (11. 25)	–0. 17812 *** (–83. 85)	0. 00674 *** (18. 20)

续表

变量	(1) *PEG*	(2) *ASY*	(3) *PEG*
Lev	0.03405*** (17.68)	0.24747*** (19.03)	0.02961*** (15.33)
Indep	-0.01043* (-1.79)	-0.17120*** (-4.35)	-0.00736 (-1.27)
Dual	0.00211*** (3.41)	-0.01478*** (-3.54)	0.00237*** (3.87)
*Top*1	-0.02223*** (-11.65)	0.32742*** (25.43)	-0.02810*** (-14.57)
Board	-0.01483*** (-8.61)	-0.01630 (-1.40)	-0.01453*** (-8.50)
Roe	0.00500 (0.97)	-1.11082*** (-31.93)	0.02493*** (4.74)
Growth	0.00011 (0.66)	0.00255** (2.32)	0.00006 (0.38)
ListAge	-0.00220*** (-5.33)	-0.05821*** (-20.90)	-0.00116*** (-2.79)
FirmAge	-0.00088 (-0.90)	0.05266*** (8.01)	-0.00182* (-1.88)
ASY			0.01795*** (16.11)
_cons	0.09465*** (11.67)	3.80278*** (69.47)	0.02640*** (2.90)
Stkcd	Yes	Yes	Yes
Year	Yes	Yes	Yes
Ind	Yes	Yes	Yes
N	17577	17577	17577
调整 R^2	0.231	0.542	0.243

注：*、** 和 *** 分别表示在 10%、5% 和 1% 水平上显著；括号内为 t 值。

2. 融资约束

参考温忠麟等（2014）的中介模型检验方法，建立模型（5-5）、模型（5-6）。

$$Sa_{i,t} = \beta_0 + \beta_1 Index_{i,t} + \sum \beta \times Contorals_{i,t} + \sum Year + \sum Ind + \varepsilon_{i,t} \quad (5-5)$$

$$Peg_{i,t} = \beta_0 + \beta_1 Index_{i,t} + \beta_2 + \sum \beta \times Contorals_{i,t} + \sum Year + \sum Ind + \varepsilon_{i,t} \quad (5-6)$$

从表5-11第（1）列来看，数字金融的回归系数为-0.0204，在1%的水平上显著负相关，说明数字金融对于企业权益资本成本有显著的负向影响，即数字金融发展程度越高，企业权益资本成本越低。从第（2）列的结果来看，数字金融的回归系数为-0.0003，在1%的水平上显著负相关，说明数字金融对融资约束有显著的负向影响，也就是说，数字金融发展程度越高越能够缓解企业的融资约束。第（3）列结果表明，数字金融的回归系数为-0.0199，融资约束的回归系数为1.5127，皆通过了1%水平下的显著性测试，这说明融资约束在数字金融和企业权益资本成本之间的中介效应成立。

表5-11　融资约束机制检验

变量	(1) *PEG*	(2) *SA*	(3) *PEG*
Index	-0.0204*** (-11.23)	-0.0003*** (-10.49)	-0.0199*** (-10.95)
Sa			1.5127*** (2.71)
ln*Size*	0.6984*** (8.31)	0.0009 (0.67)	0.6971*** (8.30)
Lev	2.2401*** (6.91)	-0.0195*** (-3.97)	2.2696*** (7.00)

续表

变量	(1) *PEG*	(2) *SA*	(3) *PEG*
Roe	2.8458*** (3.64)	-0.0401*** (-3.40)	2.9065*** (3.72)
Growth	-0.1231 (-1.51)	-0.0046*** (-3.73)	-0.1161 (-1.42)
Board	-0.6585** (-2.15)	0.0045 (0.97)	-0.6653** (-2.17)
Indep	0.2591 (0.28)	0.0047 (0.34)	0.252 (0.27)
Dual	0.1141 (1.23)	-0.0001 (-0.05)	0.1142 (1.23)
*Top*1	-0.1768 (-0.36)	0.0180** (2.43)	-0.204 (-0.42)
ListAge	0.8018*** (7.64)	-0.0677*** (-42.67)	0.9042*** (8.11)
FirmAge	-1.9130*** (-3.69)	-0.0321*** (-4.10)	-1.8644*** (-3.59)
_cons	5.2304** (2.14)	-3.4005*** (-92.04)	10.3744*** (3.36)
Stkcd	Yes	Yes	Yes
Year	Yes	Yes	Yes
Ind	Yes	Yes	Yes
N	17577	17577	17577
调整 R^2	0.2147	0.8634	0.2151

注：** 和 *** 分别表示在5%和1%水平上显著；括号内为t值。

（二）数字金融维度检验

数字金融指数分为覆盖度、使用深度和数字化程度三维度。利用三个维度的代表指标与企业权益资本成本进行回归分析，能够探究数字金融对企业融资影响的传导机制。表 5－12 中第（1）列表明，数字金融覆盖度的回归系数为－0.0001，且通过了 10% 水平下的显著性测试，也就是说数字金融覆盖度的提高会显著降低企业权益资本成本。而数字金融使用深度、数字化指数对企业权益资本成本的回归系数并未通过显著性测试。

表 5－12　　　　数字金融维度回归

变量	(1) *PEG*	(2) *PEG*	(3) *PEG*
coverage_breadth	－0.0001* (－0.89)		
usage_depth		0.0000 (0.52)	
digitization_level			0.0000** (2.33)
ln*Size*	0.0076*** (8.54)	0.0075*** (8.50)	0.0075*** (8.52)
Lev	0.0206*** (6.06)	0.0206*** (6.05)	0.0206*** (6.07)
Indep	0.0031 (0.33)	0.0030 (0.33)	0.0027 (0.29)
Dual	0.0007 (0.73)	0.0007 (0.71)	0.0007 (0.71)
*Top*1	－0.0008 (－0.16)	－0.0007 (－0.14)	－0.0009 (－0.17)
Board	－0.0068** (－2.13)	－0.0068** (－2.13)	－0.0068** (－2.13)
Roe	－0.0002 (－0.03)	－0.0001 (－0.02)	0.0004 (0.06)

续表

变量	(1) *PEG*	(2) *PEG*	(3) *PEG*
Growth	-0.0002 (-1.40)	-0.0002 (-1.39)	-0.0002 (-1.39)
ListAge	0.0078 *** (7.06)	0.0078 *** (7.04)	0.0078 *** (7.07)
FirmAge	-0.0144 *** (-2.97)	-0.0147 *** (-3.02)	-0.0145 *** (-2.98)
_cons	0.0264 (0.99)	0.0247 (0.93)	0.0228 (0.86)
Stkcd	Yes	Yes	Yes
Year	Yes	Yes	Yes
Ind	Yes	Yes	Yes
N	17577	17577	17577
调整 R^2	0.210	0.210	0.210

注：*、** 和 *** 分别表示在 10%、5% 和 1% 水平上显著；括号内为 t 值。

（三）异质性分析

1. 市场化程度

市场环境会影响微观企业的资源配置，企业权益资本成本也必然受到所处区域市场化程度的影响。因此，本部分进一步区分企业所处区域市场化程度，探讨市场环境对研究结论的影响。根据樊纲市场化指数的中位数将研究样本分为市场化程度高、低两组，回归结果如表 5-13 所示。从高市场化进程分组的回归结果来看，数字金融的回归系数为 -0.0169，在 1% 的水平上显著。从低市场化进程分组的回归结果来看，数字金融的回归系数为 -0.0252，通过了 1% 水平下的显著性测试。说明数字金融对不同市场化程度的企业权益资本成本都有显著的降低作用，其中对市场化程度低的企业降低作用更加明显。

表 5-13　　市场化程度异质性分析

变量	高市场化程度 (1) *PEG*	低市场化程度 (2) *PEG*
Index	-0.0169*** (-4.72)	-0.0252*** (-9.11)
ln*Size*	0.5520*** (4.74)	0.8617*** (6.12)
Lev	2.8864*** (6.63)	1.7457*** (3.19)
Roe	2.2540** (2.20)	3.6465*** (2.80)
Growth	-0.0521 (-0.49)	-0.17 (-1.29)
Board	-0.7160* (-1.72)	-0.43 (-0.87)
Indep	1.1814 (0.94)	-1.2225 (-0.82)
Dual	0.2425** (2.00)	-0.1043 (-0.65)
*Top*1	0.0875 (0.12)	-0.5821 (-0.74)
ListAge	0.9120*** (6.49)	0.7983*** (4.27)
FirmAge	-1.5094** (-2.03)	-1.7376* (-1.74)
_cons	6.1173* (1.75)	3.1985 (0.76)
Stkcd	Yes	Yes
Year	Yes	Yes

续表

变量	高市场化程度 (1) *PEG*	低市场化程度 (2) *PEG*
Ind	Yes	Yes
N	10025	7552
调整 R^2	0.2117	0.2073

注：*、** 和 *** 分别表示在 10%、5% 和 1% 水平上显著；括号内为 t 值。

2. 产权性质

数字金融对非国有企业的融资问题具有更好的缓解效用。一方面，国有企业在传统融资体系中普遍受到青睐，它们与政府之间的联系天然地能够当作企业信用的一部分。因此，相比非国有企业对数字金融的较高依赖度，国有企业缺乏向数字金融体系融资的动力，同时也难以在短期内适应数字化金融模式。另一方面，数字金融提供的产品和服务更灵活，非国有企业在较为宽松的管理和制度约束下更能适应这种特性。提供的体量相比传统金融较小，这种特点显然更适合资金需求量小而频的中小非国有企业。

如表 5 - 14 所示，从国有企业分组的回归结果来看，数字金融的回归系数为 -0.0183，在 1% 的水平上显著负相关。从非国有企业分组的回归结果来看，数字金融的回归系数为 -0.0245，在 1% 的水平上显著负相关，说明数字金融对企业权益资本成本的降低程度在非国有企业中更加显著。

表 5 - 14　　　　产权性质异质性分析

变量	国有企业 (1) *PEG*	非国有企业 (2) *PEG*
Index	-0.0183*** (-6.30)	-0.0245*** (-10.37)
ln*Size*	0.7093*** (4.52)	0.6504*** (6.25)

续表

变量	国有企业 (1) *PEG*	非国有企业 (2) *PEG*
Lev	2.3146*** (3.67)	2.1933*** (5.70)
Roe	4.9788*** (3.18)	2.5673*** (2.81)
Growth	0.0741 (0.51)	-0.2102** (-2.13)
Board	-1.2230** (-2.41)	-0.262 (-0.67)
Indep	-2.0893 (-1.48)	1.5556 (1.26)
Dual	-0.0732 (-0.37)	0.1326 (1.25)
Top1	0.0919 (0.11)	-0.6452 (-1.00)
ListAge	0.7846*** (2.73)	1.0177*** (8.24)
FirmAge	-0.7937 (-0.76)	-1.9038*** (-3.07)
_cons	4.3462 (0.92)	5.2297* (1.73)
Stkcd	Yes	Yes
Year	Yes	Yes
Ind	Yes	Yes
N	5491	12086
调整 R^2	0.2009	0.2342

注：*、** 和 *** 分别表示在 10%、5% 和 1% 水平上显著；括号内为 t 值。

3. 地区异质性分析

数字金融具有跨地域性，不局限于时间和空间范围，能够最大限度地减少信息不对称、提高整体宏观信用环境以及提供多平台融资渠道，从而降低企业的权益资本成本。但郭峰等（2019）发现，虽然数字金融不同于传统金融需要人口密度大、经济发达地区等限制条件，可以超越地域束缚，但不能完全超脱于地区的实体经济发展水平，还是需要依赖于传统金融。喻平等（2020）通过构建现金—现金流模型研究表明，中国数字金融的发展能够缓解企业的融资约束，且制度环境越完善的地区，数字金融缓解中小企业融资的效果越明显。因此，相比于中部、西部地区，东部地区不仅拥有更好的经济制度环境，同时也有发达的实体经济和金融环境，能够为数字金融提供良好的发展基础，提高了数字金融的发展基点。

如表 5 - 15 所示，从回归结果来看，东部地区数字金融的回归系数为 -0.0223，在 1% 的水平上显著负相关；中部地区数字金融的回归系数为 -0.0222，在 1% 的水平上显著负相关；西部地区数字金融的回归系数为 -0.0199，在 1% 的水平上显著负相关。说明数字金融对企业权益资本成本的降低程度存在差异性，对东部地区降低权益资本成本的程度略大于中部、西部地区。

表 5 - 15　　地区分组异质性分析

变量	东部 (1) *PEG*	中部 (2) *PEG*	西部 (3) *PEG*
Index	-0.0223*** (-10.29)	-0.0222*** (-4.65)	-0.0199*** (-3.16)
ln*Size*	0.6879*** (6.83)	0.6733*** (3.15)	0.9856*** (4.12)
Lev	2.0953*** (5.52)	2.0442** (2.40)	2.9670*** (3.17)
Roe	1.9800** (2.17)	5.7562*** (2.77)	6.3135*** (2.76)

续表

变量	东部 (1) *PEG*	中部 (2) *PEG*	西部 (3) *PEG*
Growth	-0.07 (-0.72)	-0.2281 (-1.07)	-0.1645 (-0.77)
Board	-0.5873 (-1.61)	-1.5674** (-2.07)	0.5794 (0.66)
Indep	1.0362 (0.94)	-1.2585 (-0.52)	-0.6213 (-0.25)
Dual	0.1403 (1.33)	-0.0093 (-0.04)	0.0574 (0.19)
*Top*1	0.2926 (0.49)	-0.6036 (-0.52)	-1.5853 (-1.15)
ListAge	0.7907*** (6.58)	0.8624*** (3.04)	0.9238** (2.57)
FirmAge	-1.9230*** (-3.30)	-2.1258 (-1.46)	-0.9061 (-0.47)
_cons	4.7673* (1.66)	13.7916** (2.14)	-6.1208 (-0.75)
Stkcd	Yes	Yes	Yes
Year	Yes	Yes	Yes
Ind	Yes	Yes	Yes
N	12678	2805	2094
调整 R^2	0.2258	0.2127	0.1978

注：*、** 和 *** 分别表示在 10%、5% 和 1% 水平上显著；括号内为 t 值。

第六节　研究结论与启示

本章以 2011～2021 年我国 A 股上市公司为对象，探讨了数字金融对企业权益资本成本的影响及作用机制。研究发现，数字金融可以降低企业权益资本成本，在使用工具变量法缓解内生性问题以及更换被解释变量衡量方式等稳健性检验后，研究结论依然成立。机制分析表明，数字金融能通过缓解企业融资约束、信息不对称来降低企业权益资本成本；进一步研究发现，数字金融对市场化程度低的企业、非国有企业以及东部地区企业权益资本成本的降低作用更加显著，该结论为促进数字金融的持续发展提供有力支撑的同时，也在一定程度上表明统筹区域数字技术协调发展的紧迫性。

基于以上结论，得到如下启示：政府层面，建议完善数字金融体系建设，促进数字金融的持续推进，尤其完善中部、西部地区金融服务基础设施网络，充分利用大数据、互联网等技术保障数字金融的普惠性与精准性，以便更好地发挥数字金融对企业社会责任水平的提升以及在协调区域发展中的作用。金融机构层面，建议分层级设立数字金融专业部门，增强数字金融的服务深度与覆盖广度。金融机构应当深化大数据、人工智能等信息技术在金融领域的应用，建立大数据分析管理平台，推动信息化、智能化的管理体系建设。企业层面，应做好数字金融对接机制建设，保持良好信用，充分利用数字金融带来的发展红利，实现创新、绿色、可持续发展。

第六章

数字金融与企业债务融资

第一节　引　　言

随着21世纪信息时代的到来，在互联网技术不断革新的情况下，我国数字金融开启了全新的发展格局。与传统金融不同，数字金融的发展日新月异，与土地、农业、工业、科技等相结合，极大地拓宽了金融服务的规模与范围，成为推动我国经济发展的中坚力量。社科院公布的《中国数字经济发展白皮书》显示，我国数字经济占比GDP已达到四成左右，并且数字经济整体发展规模与速度还在继续增长。在数字经济发展的带动下，数字金融对我国实体企业和金融体系产生了积极引导作用，数字金融所具有的独特惠普特征能够向低收入群体倾斜，覆盖范围更广，也能为更多弱势群体提供便利。

资金是企业运转的血脉，直接决定了企业的生存和发展，但国内庞大的企业群体数量始终面临着融资困难的问题。自从我国进入新发展阶段以来，整体经济发展重心由数量增多转向质量提升，这给企业高质量发展带来更大的挑战。作为我国经济发展不可或缺的一部分，企业的活跃程度与当地经济增长息息相关，好的企业可以提供大量工作岗位，解决当地民众就业问题，企业的创新、环保以及高质量发展对于当地的建设也有较大帮助。然而大部分企业普遍面临融资约束压力大，得不到相应的融资服务，给企业的资金周转以及经营运作带来困扰，而债务融资一定程度上可以缓解企业资金短缺问题。债务融资是企业通过灵活简便的方式向银行等金融机构或一些私人非金融机构进行贷款或发行债券，到期进行还本付息以获得融资的一种方式。债务融资已经成为企业从事日常生产经营以及扩大生产规模获取资金的一项必要手段，但债务融资在缓解企业资金不足、提高企业杠杆效应的同时，可能会导致企业因利息过高而面临破产的风险。由此可见，企业要想进行高质量发展，如何合理利用债务融资解决企业周转资金不足的困境成为当务之急。

数字金融在传统金融的基础上以数字技术为基础，运用当前流行的大数据与人工智能拓宽了金融服务体系，在数字技术与金融资源的共同驱动下对于推动企业经济发展和结构转变发挥了前所未有的作用。目前数字金融与企业债务融资的研究表明，数字金融通过提高市场信息透明度与改善营商环境来提高企业绩效，但对于数字金融如何影响企业的债务融资成本以及债务融资结构方面尚存在研究空间。由此，如何有效利用数字金融来推动企业高质量发展，使用金融工具服务企业实体？基于此，本章以 2011 ~ 2021 年我国 A 股上市公司为研究样本，实证分析了数字金融对企业债务融资的影响。研究表明，数字金融的发展能够降低企业债务融资成本、优化企业债务融资结构，且在一系列稳健性检验和内生性处理后结论依然成立。进一步研究发现，数字金融通过缓解融资约束、降低信息不对称程度这一中介作用来影响企业债务融资。并且，在高技术企业与股权集中度异质性的情况下，数字金融对企业债务融资会产生不同的影响。

本章研究可能的贡献有：第一，丰富了数字金融的经济后果。从企业债务融资成本和债务融资结构两个方面研究了数字金融带来的微观层面的影响，并探讨了数字金融的作用机制。第二，拓宽了企业债务融资的影响因素。将数字金融细分为覆盖广度和使用深度两个维度，并依据企业的异质性更深层次地研究了其对企业债务融资的影响。第三，为企业高质量发展提供借鉴和启示。多角度探究了数字金融对企业债务融资的影响，深化了对数字金融的认识，促使政府更加重视数字金融的发展，也为政府建立完善的金融市场体系提供了理论建议。

第二节　文献综述

一、有关数字金融的相关研究

（一）数字金融对宏观经济的影响

从宏观角度探讨数字金融的研究，主要表现为对国家整体经济和产业结构的影响。第一，在整体经济层面，由于数字金融的普惠包容特征能够使资源向贫困地区倾斜，扭转了以往地理限制导致的经济差距。王永仓等（2020）研究发现在中部、西部地区数字金融基础较为薄弱，发展空间较为充足，可以有效利用数字金融对经济增长的促进作用，推动区域经济建设。随着国内经济体系大循环，数字金融能够提高贫困地区人口收入，进而刺激消费，促进区域经济增长，在沿海发达地区这种刺激作用更加明显。比德（Bede et al.，2020）研究了南非的银行数据，发现相较于传统金融的不稳定性，数字金融的包容性能够长期稳定促使经济增长。尽管数字金融产品会在不同收入人群之间产生差异，但整体的经济韧性得到提升。第二，在产业结构层面，数字金融的出现提高了市场资源配置效率，为地区与企业的金融活动提供了便利并降低了成本，进而帮助产业结构优化升级。程等（Cheng et al.，2020）通过研究 72 个国家和地区发现，在互联网和数字技术的帮助下金融行业的负面影响逐渐降低，从而促进了产业结构的升级。杜金岷等（2020）以我国 31 个省份数字金融相关面板数据为对象，分析其与产业创新、结构升级之间的联系，研究结果表明它们之间具有显著的正相关关系。

（二）数字金融对微观企业的影响

从企业微观角度分析数字金融带来的影响，主要表现为数字金融促进了企业绩效与企业创新。首先，在企业绩效层面，数字金融的普遍可获取性可以使企业以较低的成本缓解融资约束问题，能够帮助企业度过瓶颈期进而实现高质量发展。林爱杰等（2021）研究发现，大数据的运用使得企业与金融机构之间的沟通更加有效，市场上的信息透明度提升，双方都提高了风险规避能力，进而对企业绩效的提升产生促进作用。Awinja 等（2021）通过对外企的研究分析，发现数字金融能够提升企业的偿债能力与盈利能力，进而改善企业杠杆率提升财务绩效。其次，对于企业创新层面，研发投入、科研人才的匮乏直接限制了企业的创新能力。数字金融的出现缓解了融资约束问题，使企业有更多资金从事研发活动、聘请技术人才，对企业的科技创新产生了积极影响。谢雪燕等（2021）详细剖析了数字金融服务与企业之间的联系，发现数字金融的便捷支付功能与透明化投资均对企业创新产生帮助。

二、有关企业债务融资的相关研究

（一）企业债务融资成本的影响因素

企业常见的债务融资方式有向银行或非金融机构进行贷款或发行债券，在借贷过程中往往会发生一些为获取资金而付出的资金成本，即企业债务融资成本。当前国内外学者对于债务融资成本的研究体现为企业财务行为的影响。

站在企业财务行为角度分析其与债务融资成本之间的关系，主要可以从企业社会责任、信息披露、内部控制等方面分析讨论。首先，从社会责任角度，通常企业承担的社会责任越多，表明其信誉较好、可靠性越高，所需要付出的债务融资成本相应越小。罗萨等（Rosa et al.，2017）选取了欧洲非金融公司 2007 ~ 2017 年的相关数据，探索其社会绩效与融资成本之间的关系，最终发现两者之间呈现显著的负相关关系。而在国内的研究分析中，以 2010 ~ 2015 年沪市企业数据为例发现治理水平较差的企业普遍面临债务融资成本较高的困扰，这是因为治理水平与企业社会责任直接挂钩，进而影响企业债务融资成本。其次，在信息披露中，倪娟等（2016）以重污染企业为例分析发现，充分的信息披露能够使银行等外部机构及时了解企业情况，减少了信息不对称的弊端，增加了金融机构对企业的信任，进而减少债务融资成本。邢育松等（2021）通过对上市公司的信誉等级与企业债务融资成本之间构造联系发现，两者之间存在反向关系，且在市场不稳定情况下会更加明显。最后，从内部控制角度分析，以部分存在内部控制缺陷的企业为例，在对内部控制进行修正之后发现企业的债务融资成本大幅下降，说明内部控制风险越低则融资成本越低。基姆等（Kim et al.，2021）经过控制其他变量后，发现内部控制较好的企业比存在漏洞的企业融资成本费用平均低出 28%。

（二）企业债务融资结构的影响因素

当前对企业债务融资结构的影响因素可以分为宏观行业和微观企业两个层面。第一，宏观经济与债务融资结构之间存在相互均衡的关系，当区域经济发展水平较高、金融行业蓬勃发展时会带动企业的长期债务融资能力，而当货币政策较为宽松时则会帮助企业短期债务融资提升。黄菊英等（2014）通过对政府行为研究发现，货币政策也受到地方政府质量的影响，同样在面临通货膨胀时，有为政府能够出台应对措施来促进企业长期债务融资水平提升。此外，市场化程度较高的地区经济交易往来较为频繁，缩短了企业债务融资期限，政府干预可以调节企业获取债务融资的期限长短，法律环境的好坏也会间接影响政府干预程度，因此宏观环境对于企业债务融资期限产生了较大影响。基于不同行业，以及不同规模、资金流动性等对企业的债务融资期限均产生显著影响，对于管制行业来说，管理层所做的经济决策较为谨慎，且为避免资金分散，更倾向于较为稳定的长期债务融资。第二，在企业微观层面，翟淑萍等（2019）探究了企业战略与债务融资期限结构的关系，当企业战略较为激进时存在一定的风险，进而通过提高短期债务融资占比来获取日常资金。同时，管理层对公司治理也会影响到企业债务融资结构，高治理水平企业对于管理层决策的管控与监督更为严格，银行等金融机构会更为放心地提供期限较长的债务融资。

第三节　理论分析与假设提出

一、数字金融与企业债务融资成本

伴随着我国数字金融的快速发展，互联网用户数量呈几何级增长，第三方、电子支付的普及为民众提供了极大便利。首先，数字金融的惠普特征为企业提供了更多的资金支持，缓解了融资约束。在传统的金融结构中，大型国有银行占据垄断地位，作为资金的供给方具有较强的议价能力，从而会提高企业的债务融资成本。基于长尾效应，数字金融的发展改变了传统金融结构，促使大量商业银行和中小型银行涌入金融市场，扩充了金融市场的"资金池"，进一步打破了"四大"银行的垄断地位，增强了银行之间的竞争。银行的多样性和资金供给的扩大满足了企业的融资需求，提高了资金需求方的议价能力，促使企业债务融资成本降低。同时，数字金融具有知识溢出效应，给商业银行带来了新技术、新平台，推动了商业银行金融产品的创新和金融模式的转型升级，进而为企业银行贷款增添了更多的"红利"，拓宽了企业的融资渠道并降低了债务融资成本。

其次，数字金融的互联网服务模式减少了银企之间的信息不对称性，降低了信息成本。由于信息不对称，银行无法了解企业的财务状况和盈利能力，而银行将资金贷款给企业的基本要求是企业能够按时还款。此时，银行更愿意将资金提供给有较好声誉的大型企业或者有政治关联的企业，这加大了其他企业的融资难度。而数字金融通过互联网平台提高了交易双方的信息交流，增强了银企之间的信息透明度，使得银行更加了解各企业的生产经营情况，实现资金的有效配置，降低了银行为获取企业经营信息所损耗的资源，进而降低了企业的债务融资成本。资金充足的企业会增加对风险大、周期长的创新项目的投资，加快企业结构的优化升级以及可持续发展。基于信号传递理论，企业积极进行创新研发以占领更多市场竞争优势的行为向外界传递了利好信息，利益相关者会认为企业具有良好的发展前景，使得企业获得更高的社会声誉。这会减少银行的信贷歧视，降低企业的债务融资成本，减轻企业的债务融资负担。通过以上分析，提出假设6－1。

假设6－1：在其他条件一定的情况下，数字金融会降低企业债务融资成本。

二、数字金融与企业债务融资结构

一方面，数字金融的发展增加了银企之间的信息透明度，促进企业获得更多的资源，从而倾向于长期债务融资。信息不对称会加大企业长期负债的成本，融资难的企业在面临迫切需要资金流入时往往会选择审批流程简单且快速的短期债务融资。但是，使用短期负债来进行长期投资会导致企业投融资期限错配，提高企业的经营风险，这会导致银行对企业的发展产生质疑。为了维护自身利益，银行会通过提高借款利率，使得企业更难以获得长期债务融资。而数字金融通过网络平台，缓解了交易双方信息约束的问题，促使供需双方能够快速完成资金匹配，提高了企业获得长期债务融资的可能性，减少了企业资源错配的行为，从而优化了企业债务融资结构。

另一方面，数字金融降低了代理成本，提高了企业的会计信息质量，进而提升了债权人对企业的信任，使其愿意向企业提供长期债务融资。在传统金融结构中，管理者对企业生产经营可能会产生逆向选择和道德风险。由于企业信息透明度较低，管理者可能会存在对企业的财务状况进行粉饰、造假，放弃对周期长、风险高的项目的投资等机会主义行为，这严重损害了企业会计信息质量并阻碍了企业可持续性发展。数字金融通过信息技术建立了征信体系，能够实时观察各企业借款的使用情况，促使企业财务信息的透明化。数字金融发挥的监督作用减少了管理者的自利行为，增强了企业会计信息的可靠性并降低了企业的风险水平，进一步保证了银行等债权人能够根据企业的财务信息作出科学的决策，巩固了银行和企业之间的合作关系，使企业能够获取更多的长期债务融资。与此同时，数字金融凭借云计算、大数据等技术可以更便捷有效地为企业提供更多的金融信息，企业管理者根据这些信息能够对市场的变化发展作出科学的判断，提高其管理决策的水平，从而加快企业的发展，使企业树立了良好的社会形象，有能力根据自身发展情况选择不同的债务融资方式。通过以上分析，提出假设6－2。

假设6－2：在其他条件一定的情况下，数字金融会优化企业债务融资结构。

第四节　研究设计

一、样本选择和数据来源

本章选取了2011～2021年我国A股上市公司相关数据，同时为了保证数据的真实有效和可比性，对原始数据进行如下处理：（1）选取非ST类上市公司并剔除金融类行业；（2）删除了存在异常以及缺失的数据并进行缩尾处理。经过最终处理得到18399个观测值。本章出现的上市公司财务数据均来自国泰安（CSMAR）和Wind数据库，数字金融数据来源于北京大学互联网金融研究中心和蚂蚁科技集团研究院编制的“北京大学数字普惠金融指数”，数据分析软件为Stata16.0。

二、变量定义和说明

（一）被解释变量

1. 企业债务融资成本

借鉴林钟高和丁茂桓（2017）的计算方法，用下一年度的财务费用占期末总负债的比例来衡量企业债务融资成本。

2. 企业债务融资结构

参考常璟和许旭（2011）的做法，用短期借款与期末总负债的比值来衡量企业债务融资结构。

（二）解释变量

数字金融。参考郭峰等（2020）的研究，用北京大学互联网金融研究中心课题组编制的数字普惠金融指数中的省级层面的数字普惠金融总指数除以100来衡量数字金融。

（三）控制变量

为了更好地研究数字金融与企业债务融资之间的关系，同时尽可能规避因遗漏变量导致的问题，本章选取的控制变量包括公司规模、企业成长性、净资产收益率、现金流量、固定资产比例、两职合一、独立董事比例。

相关变量的具体定义见表6－1。

表6－1　变量定义

变量类型	变量名称	变量符号	变量说明
被解释变量	企业债务融资成本	*DFC*	下一年度的财务费用/期末总负债
	企业债务融资结构	*DFS*	短期借款/期末总负债
解释变量	数字金融	*Index*	省级层面的数字普惠金融总指数/100
控制变量	企业规模	*Size*	总资产取对数
	企业成长性	*Grow*	营业收入增长率
	净资产收益率增长率	*Roa*	净利润/资产平均余额
	现金流量	*Cash*	经营活动现金净流量/资产总额
	固定资产比例	*Fixr*	固定资产净值/资本总额
	两职合一	*Dual*	如果董事长和总经理为同一人，*Dual*＝1，否则*Dual*＝0
	独立董事比例	*Indep*	独立董事人数/董事会总人数

三、模型构建

为验证数字金融对企业债务融资的影响，构建如下基准回归模型：

$$DFC_{i,t} = \alpha_0 + \alpha_1 Index_{i,t} + \sum \alpha \times Controls_{i,t} + \sum Year + \sum Ind + \varepsilon_{i,t} \tag{6-1}$$

$$DFS_{i,t} = \alpha_0 + \alpha_1 Index_{i,t} + \sum \alpha \times Controls_{i,t} + \sum Year + \sum Ind + \varepsilon_{i,t} \tag{6-2}$$

其中，$DFC_{i,t}$表示企业债务融资成本，$DFS_{i,t}$代表企业债务融资结构，$Index_{i,t}$表示数字金融指数，$\sum Controls_{i,t}$代表可能会影响被解释变量的控制变量，$\sum Year$是时间固定效应，$\sum Ind$是行业固定效应，$\varepsilon_{i,t}$为随机干扰项。

第五节　实证结果与分析

一、描述性统计

表6－2为本章主要研究变量的描述性统计结果。数字金融（*Index*）均值为2.4240，标准差为1.0187，最大值为4.5897，最小值为0.2974，表明样本数据中的企业数字金融整体发展水平较低且并不均衡、存在较大差异。企业债务融资成本（*DFC*）的均值为0.0120，中位数为0.0309，最小值为－0.1606，最大值为0.0678，最值之间存在明显差别，说明部分企业进行债务融资需要的成本较高。企业债务融资结构（*DFS*）的均值为0.2158，最小值和最大值分别为0和0.7169，说明样本企业之间的债务融资结构存在较大差异。其他变量与现有研究结论相似，均在合理区间。

表 6－2　　　　描述性统计

变量	样本数	均值	中位数	标准差	最小值	最大值
DFC	18399	0. 0120	0. 0309	0. 0309	－0. 1606	0. 0678
DFS	18399	0. 2158	0. 1831	0. 1831	0. 0000	0. 7169
Index	18399	2. 4240	1. 0187	1. 0187	0. 2974	4. 5897
Size	18399	22. 5124	1. 3326	1. 3326	19. 6491	26. 2689
Grow	18399	0. 3854	1. 0283	1. 0283	－0. 7190	7. 1314
ROA	18399	0. 0297	0. 0617	0. 0617	－0. 2934	0. 2022
Cash	18399	0. 0495	0. 0764	0. 0764	－0. 1783	0. 2903
Fixr	18399	0. 2281	0. 1687	0. 1687	0. 0016	0. 6917
Dual	18399	0. 2243	0. 4171	0. 4171	0. 0000	1. 0000
Indep	18399	0. 3745	0. 0537	0. 0537	0. 3333	0. 5714

二、相关性分析

表 6－3 报告了主要变量之间的相关系数。数字金融与企业债务融资成本的系数在 1% 水平上显著为正，表明两者之间存在相关关系，但与假设 6－1 结论相反。考虑到相关性分析没有控制其他变量，为了使结论更具可靠性需要加入可能影响企业债务融资成本的变量进行回归。同时，数字金融与企业债务融资结构的系数为－0. 0339，在 1% 水平上显著为负，说明数字金融会降低企业的短期债务融资，从而优化债务融资结构，假设 6－2 得到初步验证。上述相关性分析为本章接下来回归分析做了一定铺垫，为论证本章结论提供了依据。

表 6-3 相关性分析

变量	*DFC*	*DFS*	*Index*	*Size*	*Grow*	*ROA*	*Cash*	*Fixr*	*Dual*	*Indep*
DFC	1									
DFS	0.422 ***	1								
Index	0.067 ***	-0.034 ***	1							
Size	0.186 ***	-0.108 ***	0.285 ***	1						
Grow	-0.058 ***	-0.119 ***	-0.004	0.008	1					
ROA	-0.244 ***	-0.179 ***	-0.106 ***	0.062 ***	0.003	1				
Cash	-0.055 ***	-0.155 ***	0.034 ***	0.086 ***	-0.090 ***	0.385 ***	1			
Fixr	0.281 ***	0.161 ***	-0.108 ***	0.060 ***	-0.215 ***	-0.057 ***	0.229 ***	1		
Dual	-0.065 ***	0.055 ***	0.030 ***	-0.129 ***	-0.011	0.001	-0.013 *	-0.081 ***	1	
Indep	-0.011	0.012 *	0.062 ***	0.028 ***	0.025 ***	-0.031 ***	-0.012 *	-0.050 ***	0.111 ***	1

注：* 和 *** 分别表示在 10% 和 1% 水平上显著。

三、回归分析

表6－4为数字金融分别对企业债务融资成本、债务融资结构的回归结果。第（1）列中以数字金融为解释变量、企业债务融资成本为被解释变量，分析了没有加入除年份和行业以外的各项控制变量，回归系数为－0.0043，且在1%水平上的显著，初步表明数字金融的发展能降低企业债务融资成本。第（2）列加入了控制变量来考察数字金融与企业债务融资成本之间的关系，回归系数为－0.0037，在1%水平上显著。结果表明无论是否加入其他控制变量的影响，数字金融发展水平都能够显著缓解债务融资成本问题，验证了本章的研究假设6－1。

表6－4　　　　回归结果

变量	(1) *DFC*	(2) *DFC*	(3) *DFS*	(4) *DFS*
Index	－0.0043*** (－6.04)	－0.0037*** (－5.56)	－0.0305*** (－7.19)	－0.0235*** (－5.67)
Size		0.0040*** (21.96)		－0.0037*** (－3.51)
Grow		0.0000 (0.20)		－0.0071*** (－6.06)
ROA		－0.1089*** (－30.69)		－0.3432*** (－14.24)
Cash		－0.0128*** (－4.59)		－0.3731*** (－19.81)
Fixr		0.0454*** (27.93)		0.1144*** (10.97)
Dual		－0.0010* (－1.81)		0.0171*** (5.48)

续表

变量	(1) *DFC*	(2) *DFC*	(3) *DFS*	(4) *DFS*
Indep		-0.0014 (-0.37)		0.0431* (1.85)
_cons	0.0183*** (7.18)	-0.0726*** (-14.92)	0.3177*** (14.94)	0.3868*** (12.39)
Year	Yes	Yes	Yes	Yes
Ind	Yes	Yes	Yes	Yes
N	18399	18399	18399	18399
调整 R^2	0.1126	0.2175	0.1452	0.2028

注：* 和 *** 分别表示在 10% 和 1% 水平上显著；括号内为 t 值。

第（3）列为数字金融与企业债务融资结构的初步回归结果，仅控制了年份和行业固定效应；第（4）列加入了其他对回归结果可能产生影响的控制变量。两列回归结果中数字金融指数的相关系数分别为 -0.0305 与 -0.0235，且均在 1% 水平上显著负相关。表明数字金融的发展可能会减少企业的短期债务融资，使企业能够获得更多的长期债务融资，削弱企业的投融资错配问题，从而优化债务融资结构，验证了本章研究假设 6-2。

四、稳健性检验

为了检验回归结果的可靠性，本章对实证结果进行如下稳健性检验。

第一，替换被解释变量。本章采用（利息支出 + 手续费支出 + 其他财务费用）与期末总资产的比值来衡量企业债务融资成本（*DFC*2），同时用流动负债与期末总资产的比值来衡量企业债务融资结构（*DFS*2）。基于此重新检验，其回归结果分别如表 6-5 第（1）列和第（2）列所示，数字金融与企业债务融资成本、结构之间的关系并未发生较大改变，结论得到支持。

第二，解释变量滞后一期。考虑到数字金融发展影响企业债务融资的连续性，对解释变量数字金融滞后一期，回归结果如表 6-5 第（3）列和第

（4）列所示，数字金融（*LIndex*）的滞后系数分别为 -0.0032、-0.0245，均在1%水平上显著，假设6-1和假设6-2进一步得到证实。

第三，更换样本区间。考虑到金融危机以及新冠疫情对于长期信贷存在干扰，金融机构对于资金的借贷更加慎重，对于企业债务融资存在负面冲击，因此剔除了2019~2021年样本数据并进行回归。回归结果如表6-5第（5）列和第（6）列所示，与基准回归结果基本一致，进一步证明了结论的稳健性。

表6-5　　稳健性检验

变量	(1) *DFC2*	(2) *DFS2*	(3) *DFC*	(4) *DFS*	(5) *DFC*	(6) *DFS*
Index	-0.0009 *** (-2.85)	-0.0466 *** (-13.21)			-0.0053 *** (-5.49)	-0.0269 *** (-4.82)
LIndex			-0.0032 *** (-4.70)	-0.0245 *** (-5.34)		
Size	0.0015 *** (17.45)	0.0448 *** (45.27)	0.0034 *** (17.89)	-0.0062 *** (-5.44)	0.0051 *** (22.42)	0.0006 (0.50)
Grow	-0.0008 *** (-7.30)	0.0084 *** (6.39)	-0.0000 (-0.19)	-0.0061 *** (-4.71)	0.0004 (1.57)	-0.0071 *** (-5.26)
ROA	-0.0626 *** (-29.70)	-0.8498 *** (-33.87)	-0.1028 *** (-28.09)	-0.3423 *** (-13.04)	-0.1160 *** (-23.57)	-0.4011 *** (-12.42)
Cash	-0.0033 ** (-2.21)	0.0036 (0.20)	-0.0131 *** (-4.51)	-0.3775 *** (-18.15)	-0.0146 *** (-4.43)	-0.3555 *** (-16.32)
Fixr	0.0213 *** (25.87)	-0.0616 *** (-6.52)	0.0385 *** (23.59)	0.0976 *** (8.67)	0.0491 *** (24.29)	0.1154 *** (9.16)
Dual	0.0008 *** (3.15)	-0.0056 ** (-2.17)	0.0003 (0.48)	0.0198 *** (5.89)	-0.0018 ** (-2.50)	0.0197 *** (5.22)
Indep	0.0022 (1.23)	-0.0386 ** (-2.03)	-0.0024 (-0.64)	0.0505 ** (2.01)	-0.0028 (-0.59)	0.0573 ** (2.02)

续表

变量	(1) *DFC2*	(2) *DFS2*	(3) *DFC*	(4) *DFS*	(5) *DFC*	(6) *DFS*
_cons	-0.0073 *** (-2.99)	-0.5444 *** (-18.51)	-0.0582 *** (-11.48)	0.4284 *** (12.63)	-0.0960 *** (-15.88)	0.2922 *** (7.87)
Year	Yes	Yes	Yes	Yes	Yes	Yes
Ind	Yes	Yes	Yes	Yes	Yes	Yes
N	20018	20018	15379	15379	13636	13636
调整 R^2	0.2633	0.3300	0.2144	0.2121	0.2354	0.2051

注：** 和 *** 分别表示在5%和1%水平上显著；括号内为t值。

五、内生性检验

第一，考虑年度行业趋势。由于每年的环境变化会对不同行业的企业债务融资产生不同影响，这些因素均会对基准回归结果产生影响。所以，为了缓解其他因素对结果的影响，在模型（6－1）和模型（6－2）的基础上控制了年份和行业的交互项。回归结果如表6－6第（1）列和第（2）列所示，数字金融（*Index*）与企业债务融资成本（*DFC*）的系数为－0.0038，与企业债务融资结构（*DFS*）的系数为－0.0240，均在1%水平上显著，证明假设6－1和假设6－2成立。

第二，采用倾向得分匹配法（PSM）。为了缓解样本自选择带来的内生性问题，采用倾向得分匹配法。首先，采用Logit模型，当数字金融大于中值时取1，否则取0，以此作为被解释变量，并以企业规模、成长性等控制变量作为协变量进行1∶1最近邻匹配；其次，用匹配后的样本重新对模型（6－1）和模型（6－2）进行回归。回归结果如表6－6第（3）列和第（4）列所示，数字金融（*Index*）和企业债务融资成本（*DFC*）和债务融资结构（*DFS*）的系数分别为－0.0034、－0.0285，且均在1%水平上显著，证明不存在样本自选择导致的内生性问题，结论依旧成立。

表6-6　　内生性检验

变量	(1) *DFC*	(2) *DFS*	(3) *DFC*	(4) *DFS*
Index	-0.0038 *** (-5.70)	-0.0240 *** (-5.70)	-0.0034 *** (-3.69)	-0.0285 *** (-4.79)
Size	0.0038 *** (20.99)	-0.0041 *** (-3.79)	0.0036 *** (13.00)	-0.0059 *** (-3.86)
Grow	0.0000 (0.09)	-0.0071 *** (-5.95)	-0.0004 (-1.42)	-0.0062 *** (-3.61)
ROA	-0.1034 *** (-28.00)	-0.3270 *** (-12.99)	-0.1037 *** (-19.93)	-0.2907 *** (-7.98)
Cash	-0.0149 *** (-5.14)	-0.3764 *** (-19.34)	-0.0107 *** (-2.83)	-0.3721 *** (-13.93)
Fixr	0.0451 *** (27.44)	0.1162 *** (10.90)	0.0429 *** (19.10)	0.1130 *** (7.64)
Dual	-0.0011 * (-1.95)	0.0169 *** (5.33)	0.0004 (0.48)	0.0235 *** (5.15)
Indep	-0.0023 (-0.61)	0.0401 * (1.69)	-0.0008 (-0.16)	0.0692 ** (2.04)
_cons	-0.0663 *** (-6.96)	0.5090 *** (5.98)	-0.0652 *** (-9.07)	0.4381 *** (9.43)
Year	Yes	Yes	Yes	Yes
Ind	Yes	Yes	Yes	Yes
N	18399	18399	8988	8988
调整 R^2	0.2315	0.1955	0.2099	0.2130

注：*、** 和 *** 分别表示在10%、5%和1%水平上显著；括号内为t值。

六、进一步分析

（一）机制检验

在证实数字金融能够减少企业债务融资成本以及优化企业债务融资结构

之后，本部分进一步检验了数字金融对企业债务融资成本和债务融资结构的作用机制。

1. 融资约束

数字金融凭借成本低、速度快和覆盖广等优点降低了金融服务的门槛，促使更多的中小型银行和商业银行进入金融市场，扩大了资金供给以及拓宽了企业的融资渠道，从而使企业拥有充足的资金进行创新项目投资以提高市场竞争力，并增强了银行之间的竞争。此时，企业可持续性发展给债权人传递了企业财务状况良好的利好信息，促使债权人愿意降低贷款利率并向企业提供长期借款，进而降低了企业的债务融资成本，并减少了企业的短贷长投行为。因此，本章借鉴巴伦和肯尼（Baron and Kenny，1986）的层级回归三步法，根据模型（6－1）和模型（6－2）构建以下模型来检验融资约束的中介作用：

$$KZ_{i,t} = \beta_0 + \beta_1 Index_{j,t} + \sum \beta \times Controls_{i,t} + \sum Year + \sum Ind + \varepsilon_{i,t} \tag{6-3}$$

$$DFC_{i,t} = \beta_0 + \beta_1 Index_{i,t} + \beta_2 KZ_{i,t} + \sum \beta \times Controls_{i,t} + \sum Year + \sum Ind + \varepsilon_{i,t} \tag{6-4}$$

$$DFS_{i,t} = \beta_0 + \beta_1 Index_{i,t} + \beta_2 KZ_{i,t} + \sum \beta \times Controls_{i,t} + \sum Year + \sum Ind + \varepsilon_{i,t} \tag{6-5}$$

借鉴魏志华等（2014）的计算方法，根据企业经营现金流、股利、现金持有、资产负债率和托宾 Q 等财务指标构建融资约束指数（KZ）。回归结果如表 6－7 所示。第（1）列中数字金融与融资约束的系数为－0.0017，在 1% 水平上显著，说明数字金融的发展能够显著缓解企业融资约束，满足了中介效应成立的前提。第（2）列和第（3）列中，融资约束与企业债务融资成本以及债务融资结构的系数分别为 0.0088、0.0212，均在 1% 水平上显著，说明融资约束在数字金融与企业债务融资成本和债务融资结构中起到部分中介的作用，即数字金融通过降低融资约束水平来降低企业债务融资成本和优化债务融资结构。

表 6 –7　　融资约束机制检验

变量	(1) *KZ*	(2) *DFC*	(3) *DFS*
Index	–0. 0017 *** (–4. 62)	–0. 0000 *** (–3. 73)	–0. 0002 *** (–5. 12)
KZ		0. 0088 *** (41. 48)	0. 0212 *** (22. 85)
Size	0. 1237 *** (12. 21)	0. 0029 *** (17. 79)	–0. 0063 *** (–5. 84)
Grow	0. 0563 *** (4. 72)	–0. 0004 ** (–1. 96)	–0. 0081 *** (–6. 81)
ROA	–10. 7552 *** (–45. 68)	–0. 0131 *** (–3. 41)	–0. 1245 *** (–4. 70)
Cash	–14. 2930 *** (–81. 23)	0. 1126 *** (28. 12)	–0. 0735 *** (–3. 16)
Fixr	2. 1903 *** (24. 73)	0. 0268 *** (18. 65)	0. 0720 *** (6. 74)
Dual	–0. 1164 *** (–4. 25)	0. 0001 (0. 11)	0. 0205 *** (6. 60)
Indep	0. 4959 ** (2. 48)	–0. 0064 * (–1. 86)	0. 0229 (0. 98)
_cons	0. 7917 *** (2. 96)	–0. 0804 *** (–17. 55)	0. 3766 *** (12. 05)
Year	Yes	Yes	Yes
Industry	Yes	Yes	Yes
N	17823	17823	17823
调整 R^2	0. 5913	0. 3776	0. 2320

注：*、** 和 *** 分别表示在 10%、5% 和 1% 水平上显著；括号内为 t 值。

2. 信息不对称

数字金融利用大数据、云计算、人工智能等技术打破了信息壁垒，促进了交易双方的信息交流，增强了银企之间的信息透明度，使银行能够更准确地了解企业的生产经营状况，实现资金的有效配置。同时，信息透明化也降低了银行的信贷歧视，更愿意为有良好发展前景的中小型企业提供长期借款和较低的借款利率。此外，企业信息透明化降低了管理者的机会主义行为，降低了代理成本，有利于管理者及时了解金融信息以作出科学的管理决策，从而提高企业会计信息质量和盈利水平。这有助于银行对企业发展作出更精准的判断，进而减少了银行的搜索成本和信息成本，降低了企业债务融资成本并优化了债务融资结构。因此，本部分根据模型（6－1）和模型（6－2）构建以下模型来检验信息不对称的中介作用。

$$ASY_{i,t} = \gamma_0 + \gamma_1 Index_{i,t} + \sum \gamma \times Controls_{i,t} + \sum Year + \sum Ind + \varepsilon_{i,t} \tag{6-6}$$

$$DFC_{i,t} = \gamma_0 + \gamma_1 Index_{i,t} + \gamma_2 ASY_{j,t} + \sum \gamma \times Controls_{i,t} + \sum Year + \sum Ind + \varepsilon_{i,t} \tag{6-7}$$

$$DFS_{i,t} = \gamma_0 + \gamma_1 Index_{i,t} + \gamma_2 ASY_{j,t} + \sum \gamma \times Controls_{i,t} + \sum Year + \sum Ind + \varepsilon_{i,t} \tag{6-8}$$

参考于蔚等（2012）的做法，提取流动性比率、非流动性比率和反转指标的第一主成分来衡量信息不对称程度（*ASY*），该指标越大说明企业的信息不对称程度越深，回归结果如表6－8的第（1）列和第（2）列所示。第（1）列数字金融与信息不对称程度显著负相关，说明总效应显著。第（2）列和第（3）列中，信息不对称程度与企业债务融资成本和债务融资结构的系数均在1%水平上显著正相关，结合第（1）列结果表明，信息不对称程度在数字金融与企业债务融资成本和债务融资结构中发挥着部分中介的作用。

表6－8　信息不对称机制检验

变量	(1) *ASY*	(2) *DFC*	(3) *DFS*
Index	−0.0002*** (−3.41)	−0.0000** (−2.17)	−0.0002*** (−5.79)

续表

变量	(1) *ASY*	(2) *DFC*	(3) *DFS*
ASY		0.0010 ** (2.45)	0.0156 *** (3.03)
Size	-0.1437 *** (-78.00)	0.0012 *** (10.46)	-0.0015 (-1.09)
Grow	0.0102 *** (5.47)	-0.0008 *** (-6.82)	-0.0071 *** (-5.98)
ROA	-0.6549 *** (-18.62)	-0.0621 *** (-27.99)	-0.3418 *** (-13.72)
Cash	-0.2916 *** (-10.99)	-0.0047 *** (-2.96)	-0.3713 *** (-19.37)
Fixr	0.0973 *** (7.05)	0.0216 *** (25.08)	0.1168 *** (10.99)
Dual	-0.0177 *** (-4.28)	0.0007 *** (2.98)	0.0184 *** (5.80)
Indep	-0.1365 *** (-4.17)	0.0007 (0.35)	0.0355 (1.50)
_cons	3.1228 *** (67.87)	0.0002 (0.07)	0.3446 *** (9.52)
Year	Yes	Yes	Yes
Industry	Yes	Yes	Yes
N	17823	17823	17823
调整 R^2	0.5673	0.2568	0.2061

注：** 和 *** 分别表示在5%和1%水平上显著；括号内为t值。

（二）数字金融维度

借鉴唐松（2020）的研究，将数字金融细分为数字金融覆盖广度（*Coverage*）和数字金融使用深度（*Usage*）两个维度，分析数字金融各维度对企业债务融资的影响。由表 6－9 的回归结果可知，数字金融覆盖广度和使用深度均对企业债务融资成本和债务融资结构在 1% 水平上显著负相关，说明数字金融的两个维度均能降低企业债务融资成本和优化债务融资结构。可能的原因在于数字金融的覆盖广度降低了借贷双方的信息不对称程度，拓宽了企业的融资渠道以及增强了银行之间的竞争性，从而降低了企业债务融资成本，减少了企业短期借款并能够获得更多的长期借款进行长期投资。同时，数字金融的使用深度也加强了企业的信息披露，提升了企业管理者的经营决策能力，进一步促进企业的健康发展，进而增强了银行的信任度，降低了企业的借款利率。

表 6－9　　数字金融维度回归

变量	(1) *DFC*	(2) *DFC*	(3) *DFS*	(4) *DFS*
Coverage	−0.0038*** (−5.85)		−0.0236*** (−6.23)	
Usage		−0.0022*** (−4.79)		−0.0134*** (−4.47)
Size	0.0040*** (22.000)	0.0039*** (21.89)	−0.0036*** (−3.41)	−0.0039*** (−3.71)
Grow	0.0001 (0.25)	0.0000 (0.16)	−0.0070*** (−6.01)	−0.0071*** (−6.10)
ROA	−0.1088*** (−30.68)	−0.1088*** (−30.69)	−0.3427*** (−14.22)	−0.3431*** (−14.23)
Cash	−0.0128*** (−4.61)	−0.0127*** (−4.58)	−0.3734*** (−19.83)	−0.3730*** (−19.81)
Fixr	0.0453*** (27.93)	0.0455*** (27.99)	0.1140*** (10.94)	0.1156*** (11.08)
Dual	−0.0010* (−1.84)	−0.0010* (−1.80)	0.0171*** (5.46)	0.0172*** (5.43)

续表

变量	(1) *DFC*	(2) *DFC*	(3) *DFS*	(4) *DFS*
Indep	-0.0014 (-0.38)	-0.0015 (-0.40)	0.0430* (1.85)	0.0425* (1.82)
_cons	-0.0731*** (-15.000)	-0.0726*** (-14.92)	0.3837*** (12.27)	0.3869*** (12.41)
Year	Yes	Yes	Yes	Yes
Industry	Yes	Yes	Yes	Yes
N	18399	18399	18399	18399
调整 R^2	0.2179	0.2172	0.2031	0.2023

注：* 和 *** 分别表示在 10% 和 1% 水平上显著；括号内为 t 值。

（三）异质性分析

1. 高新技术企业

本部分根据企业是否为高新技术企业将样本分为两组并进行回归，回归结果如表 6-10 所示。第（1）列和第（2）列表明，在高新技术企业中，数字金融仅会显著优化企业债务融资结构，而对企业债务融资成本没有显著的影响。第（3）列和第（4）列表明，在非高新技术企业中，数字金融对企业债务融资成本和债务融资结构均有显著影响，与基准回归结论一致。原因可能是高新技术企业具有较高的研发风险性和经营不确定性，其财务状态不稳定性增加了银行对企业是否能按时还款的质疑，导致数字金融的发展不能显著降低企业债务融资成本。

表 6-10　　高新技术企业异质性分析

变量	高新技术企业		非高新技术企业	
	(1) *DFC*	(2) *DFS*	(3) *DFC*	(4) *DFS*
Index	-0.0000 (-0.93)	-0.0003*** (-4.24)	-0.0000*** (-5.38)	-0.0002*** (-3.21)

续表

变量	高新技术企业		非高新技术企业	
	(1) *DFC*	(2) *DFS*	(3) *DFC*	(4) *DFS*
Size	0.0055 *** (16.25)	-0.0034 * (-1.73)	0.0014 *** (7.48)	-0.0099 *** (-7.58)
Grow	0.0010 ** (2.17)	-0.0096 *** (-3.93)	-0.0006 *** (-3.43)	-0.0063 *** (-4.43)
ROA	-0.1069 *** (-18.72)	-0.2952 *** (-8.12)	-0.0906 *** (-21.13)	-0.3127 *** (-9.49)
Cash	-0.0291 *** (-5.68)	-0.5028 *** (-15.58)	-0.0050 * (-1.66)	-0.3097 *** (-13.20)
Fixr	0.0629 *** (20.62)	0.2254 *** (12.10)	0.0317 *** (18.14)	0.0501 *** (3.87)
Dual	-0.0010 (-1.23)	0.0156 *** (3.40)	0.0002 (0.33)	0.0190 *** (4.35)
Indep	0.0065 (0.97)	0.1097 *** (2.74)	-0.0031 (-0.83)	-0.0005 (-0.02)
_cons	-0.1114 *** (-11.20)	0.2673 *** (4.70)	-0.0117 ** (-2.37)	0.5800 *** (15.55)
Year	Yes	Yes	Yes	Yes
Industry	Yes	Yes	Yes	Yes
N	7349	7349	10384	10384
调整 R^2	0.2219	0.1917	0.2213	0.2360

注：*、** 和 *** 分别表示在 10%、5% 和 1% 水平上显著；括号内为 t 值。

2. 企业股权集中度

本部分以企业第一大股东持股数占总股数的比例来衡量股权集中度，并以股权集中度的中位数将样本分为高股权集中度的企业和低股权集中度的企业。回归结果如表6－11所示。无论是高股权集中度的企业还是低股权集中度的企业，数字金融均会降低企业债务融资成本和优化债务融资结构，但在低股权集中度的企业中回归结果更显著。可能的原因在于低股权集中度的企业中股东的掏空行为较少，企业风险相对较低。此外，数字金融的发展增加了企业信息的透明度，使得银行更青睐大股东持股比例低的企业，为其减少债务融资成本和增加长期借款。

表6－11　股权集中度异质性分析

变量	高股权集中度		低股权集中度	
	(1) *DFC*1	(2) *DFS*	(3) *DFC*1	(4) *DFS*
Index	－0.0000** (－2.45)	－0.0001* (－1.95)	－0.0000*** (－3.65)	－0.0002*** (－3.78)
Size	0.0037*** (13.72)	－0.0098*** (－5.81)	0.0033*** (12.36)	－0.0011 (－0.62)
Grow	0.0001 (0.40)	－0.0063*** (－3.83)	－0.0004 (－1.23)	－0.0091*** (－4.52)
ROA	－0.1101*** (－17.35)	－0.4600*** (－10.22)	－0.0904*** (－20.30)	－0.2021*** (－6.56)
Cash	－0.0058 (－1.46)	－0.3756*** (－12.99)	－0.0185*** (－4.45)	－0.3876*** (－13.83)
Fixr	0.0446*** (18.82)	0.0788*** (5.05)	0.0410*** (16.68)	0.1505*** (9.01)
Dual	－0.0027*** (－3.08)	0.0128** (2.55)	0.0002 (0.24)	0.0199*** (4.57)
Indep	－0.0003 (－0.05)	0.0747** (2.04)	0.0101* (1.85)	0.1042*** (2.94)
_cons	－0.0718*** (－10.05)	0.5383*** (10.29)	－0.0578*** (－7.92)	0.2845*** (5.87)

续表

变量	高股权集中度		低股权集中度	
	(1) *DFC*1	(2) *DFS*	(3) *DFC*1	(4) *DFS*
Year	Yes	Yes	Yes	Yes
Industry	Yes	Yes	Yes	Yes
N	8054	8054	8057	8057
调整 R^2	0. 2386	0. 2352	0. 2082	0. 1911

注：*、** 和 *** 分别表示在 10%、5% 和 1% 水平上显著；括号内为 t 值。

第六节　研究结论与启示

数字金融作为我国当前最为活跃、极具有发展潜力的经济领域，能够带动社会各领域经济高速发展。数字技术与传统金融的深度融合能够更好地建设“数字中国”，为金融市场注入活力，对企业可持续发展具有重大意义。本章以 2011 ~2021 年我国 A 股上市公司为研究样本，实证检验数字金融与企业债务融资之间的关系。实证研究发现数字金融能够显著降低企业债务融资成本和优化企业债务融资结构，这一结论在经过替换被解释变量、更换样本区间以及倾向得分匹配法等稳健性检验和内生性检验后依然保持不变。进一步地，本章在机制检验中发现数字金融对企业债务融资成本和融资结构的影响可以通过缓解融资约束和降低信息不对称来实现；在对企业是否是高新技术企业以及按照股权集中度进行分组后发现，数字金融对企业债务融资成本的负向影响仅在非高新技术企业显著，并在低股权集中度的企业更明显，而数字金融优化企业债务融资结构的作用在高新技术企业依旧显著，且也在低股权集中度的企业更显著。

基于上述结论，本章得到如下启示：第一，要牢牢把握数字金融的发展潜力，利用数字金融的惠普特征更好地服务企业并带动经济增长；第二，企业在享受数字金融红利的同时要保持投资警惕，防止过度投资造成的融资期限结构错乱，合理进行投资融资；第三，在大力发展数字金融的同时，政府不仅要出台鼓励政策，更要构建企业监管与帮扶体系，为解决融资期限结构问题提供环境保障。

第七章

数字金融与供应链风险

第一节　引　　言

目前，我国传统金融体系发展存在不平衡、不充分问题，多数金融弱势群体的金融需求得不到满足。随着我国经济从高速增长向高质量增长转型，鼓励金融供给侧改革和实体经济发展已成为促进社会健康、稳定发展的主要任务。作为金融供给侧改革的重要组成部分，数字金融凭借大数据、人工智能、云计算等信息技术改善了传统金融服务的成本高、效率低、融资难的问题，与传统金融协同发展，拓展了金融服务的内容和对象，成为加快金融服务实体经济发展的新型理财工具。2005 年，联合国最早提出“普惠金融”一词，旨在为社会所有阶层的群体和企业提供可负担的金融服务体系；2013 年 11 月，党的十八届三中全会正式提出发展普惠金融；2015 年 12 月，国务院发布《推动普惠金融发展规划（2016～2020 年）》，标志着国家层面的普惠金融发展战略的初步形成；2016 年 9 月，G20 杭州峰会制定《G20 数字普惠金融高级原则》，表明了数字普惠金融正式成为全球未来金融改革的重要方向。

数字金融是指利用各种数字技术与传统金融服务相结合，发现、发展和提供新型金融服务的商业模式。数字金融作为将信息技术和金融服务融合的新模式，缓解了资金供求双方信息不对称程度，降低了债务融资成本并拓宽了融资渠道，极大地弥补了传统金融服务门槛高、烦琐性强的缺点，并校正了其存在的资源错配现象，这使数字普惠金融成为我国新时代、新经济的重要发展方向。目前，关于数字金融经济后果的研究，主要分为宏观层面和微观企业层面。在宏观层面，已有文献大多研究数字金融对城乡收入差距、居民消费、乡村振兴、经济增长等方面的影响。在微观企业层面，学者主要从数字金融能够增强企业创新、提升企业全要素生产率、提高企业价值和投资效率等方面关注数字金融的经济后果。然而，关于数字金融对微观企业的影响，很少有文献基于供应链的角度探讨其是否会对于上游供应商企业的行为决策产生影响，从而影响供应链的稳定性。

供应链风险是指供应链的脆弱性，供应链风险因素的发生会降低供应链的运行效率、增加成本，甚至导致供应链的断裂。根据供应链传染效应，下游客户企业的经营状况会通过供应链对上游供应商企业产生积极或消极的影响。已有关于供应商—客户的供应链风险的研究发现，客户的负债水平越高，供应商企业的信贷融资成本越高；客户股价崩盘风险越大，供应商企业的股价崩盘风险也越大；客户管理层负面语调会降低供应商企业未来绩效；客户 CEO 更替会导致供应商企业股价下滑。面对客户风险，供应商企业也采取了风险管理，包括通过改变资本结构、调整现金持有量、盈余管理、增加创新投入等来降低自身风险。但是，现有文献多集中于研究供应商企业如何进行供应链风险管理，较少有文献研究客户企业采取何种经营方式可以巩固供应链关系。

基于此，以 2011 ~2021 年我国 A 股上市公司为样本，分析数字金融对供应链风险的影响以及短期偿债风险和经营风险的传导路径与作用机理。结果表明，数字金融与供应链风险呈显著负向关系，即数字金融发展越好，企业的供应商集中度越高，进而供应链风险越低。企业短期偿债风险和经营风险在数字金融与供应链风险之间起到部分中介作用。进一步研究表明，数字金融的覆盖广度和使用深度均能够提高供应商集中度，且数字金融对供应链风险的抑制作用在市场化程度高、内部控制质量高的企业中更显著。

本章可能的主要贡献在于：第一，丰富了数字金融的经济后果。已有文献多集中于研究数字金融对企业自身的影响，较少从供应链风险的角度研究数字金融对供应商企业的溢出效应，本章以供应商集中度作为供应链风险变量，研究了不同维度的数字金融对供应链风险的影响。第二，拓宽了供应链风险的影响因素，学者主要研究了供应商企业如何对由上游客户导致的供应链风险进行管理，但较少有文献研究客户企业如何降低供应链风险。本章研究了数字金融是否会提高供应商集中度，从而降低供应链风险。第三，揭示了数字金融影响供应链风险的作用机制。本章检验了企业短期偿债风险和经营风险在数字金融影响供应链的过程中的中介传导效应，同时，研究了在市场化程度、内部控制质量不同的情况下，数字金融与供应链风险的关系如何变化。

第二节　文献综述

一、数字金融

数字金融作为推动金融供给侧改革的创新型金融模式，突破了传统金融服务成本高、效率低的困境，拓宽了金融服务的内容，在缓解企业融资约束和降低信息不对称方面发挥着重要作用。现有学者主要从企业创新、企业全要素生产率、企业价值和投资效率等方面对微观企业层面的数字金融的经济后果进行研究。唐松等（2020）研究发现，数字金融与企业技术创新呈显著正向关系，能够解决传统金融存在的属性错配、领域错配和阶段错配问题。机制分析表明，数字金融通过降低融资约束水平来提高企业创新投入。同时，万佳彧等（2020）在研究创新激励效应的传导路径时发现，数字金融的覆盖广度、使用深度和数字支持服务程度均能显著促进企业创新。进一步研究发现，在中小企业，民营企业，传统金融覆盖率低的城市以及中部、西部城市中，数字金融对企业创新具有更强的激励效应。为实现中国“双碳”目标，顾海峰和高水文（2022）研究发现，数字金融发展会通过缓解融资约束和增强风险承担来显著促进企业绿色创新，并且该关系在国有企业、低污染和低金融监管水平地区中更明显。在全要素生产率方面，贺茂斌和杨晓维（2021）实证检验发现，数字金融发展能降低金融服务门槛，提升金融服务效率，从而推动区域技术进步，提升企业全要素生产率。此外，数字金融还会通过优化产业结构、增加创新投入和缓解资源错配等途径，间接促进城市绿色全要素生产率。关于企业价值的研究，李小玲等（2020）发现，数字金融对企业价值具有显著提升作用，会改善金融结构的渠道，强化信息披露质量，使得这种促进关系具有长期性以及纵向延伸性。其中，数字金融的覆盖广度和使用深度是促进企业价值的主要维度。在企业投资效率方面，孙芳城等（2022）研究表明，数字金融对企业投资效率的影响具有非对称性，不仅会改善企业投资不足还会刺激企业过度投资。根据企业产权性质研究发现，数字金融只有在企业过度投资方面有显著差异，在民营企业会导致企业过度投资。与此同时，任晓怡（2020）探讨了数字金融发展对企业融资约束的作用机制，发现数字金融发展扩充了企业现金流，降低了财务费用和杠杆率水平，进而缓解了企业融资约束。

二、供应链风险

供应链中供应商—客户是“一荣俱荣、一损俱损”的利益共同体。当下游客户企业面临经营、财务甚至破产风险时，上游供应商企业会减少供货份额或者终止与相应客户企业的合作，导致供应链产生波动，因此，在供应商—客户的供应链关系中，供应商集中度可以反映供应链风险的大小，供应商集中度越高，供应链风险越小。目前，关于供应商集中度的研究多集中于经济后果，即供应商集中度会对企业创新、企业价值、会计稳健性、商业信用融资、经营风险等方面产生重要影响，但对供应商集中度影响因素的研究较少。已有文献研究表明，下游客户企业的负债水平、盈余管理、股价崩盘风险、管理层负面语调和 CEO 更替等经营情况会对上游供应商企业的信贷融资成本、投资效率、股价崩盘风险和创新水平等产生影响。王勇（2019）通过手工整理制造业上市公司与其上市核心客户配对样本发现，客户负债水平越高，供应商企业的信贷融资成本越高。机制作用表明客户高负债水平会增加供应商企业的坏账损失率从而增加其信用风险。殷枫和贾竞岳（2017）研究发现，大客户盈余管理会影响供应商企业投资，即大客户正向盈余管理会导致供应商企业过度投资，大客户负向盈余管理会导致供应商企业投资不足。彭旋和王雄元（2018）研究发现，客户股价崩盘风险会通过供应链传染给供应商企业，提高供应商企业的股价崩盘风险，且在客户与供应商关系越紧密时，该风险传染效应越明显。于莹和姚梅芳（2022）基于利益相关者理论研究表明，客户管理层负面语调与供应商未来绩效显著负相关，而供应商的议价能力强、客户媒体负面报道程度低和客户融资融券程度低能够缓解该负面效应。英丁度利（Intintoli，2017）研究发现，客户 CEO 更替与企业股价显著负相关，客户 CEO 离职会增加供应商企业的财务风险从而导致其股价下跌。与此同时，李馨子等（2019）研究发现，客户集中度越高，供应商企业的投资水平越高，该正向关系在客户稳定程度高、市场竞争激烈时更显著。杨金玉等（2022）利用文本挖掘分析技术构建数字化转型指标，发现客户数字化转型具有溢出效应，能够通过倒逼效应和资源效应显著提高供应商企业的创新水平。

综上所述，学术界关于数字金融的研究收获较多，大多集中于对企业自身财务状况和未来发展的影响，但鲜有学者从供应链风险角度研究数字金融对供应商企业的影响。此外，目前关于供应链风险的研究大多是定性研究，较少采用定量研究，且涉及供应链风险的影响因素也相对较少。因此，本章以数字金融为出发点，探究其对供应链风险的影响，一方面可以拓展数字金融的研究视角，另一方面可以为企业降低供应商—客户的供应链风险提供借鉴和启示。

第三节　理论分析与假设提出

一、数字金融与供应链风险

首先，数字金融拓宽了企业的融资渠道，缓解了融资约束，增强了还款能力。基于资源依赖理论，数字金融凭借成本低、速度快和覆盖广等优点降低了金融服务的门槛，完善了传统金融服务体系，对企业的融资环境起到优化作用，使得有竞争力的企业能够拥有更多的资金供给，从而扩充了企业生产经营所需要的资金，进一步解决了企业融资难的问题。并且，数字金融利用大数据、云计算、人工智能等信息技术加强了金融主体间的交流，提高了银企的信息透明度，加剧了银行竞争，迫使传统银行优化业务流程和服务水平，有效降低了银行的经营成本，进而削减了企业的债务融资成本，缓解了企业融资贵的问题。企业融资约束程度低能够降低企业的财务风险，增强其按时向供应商企业支付货款的能力，促使供应商企业的坏账损失率下降，保证了其正常生产经营，这会增加供应商企业对该企业的供货集中度，巩固了供应链的稳定性。

其次，数字金融加强了行业之间的竞争，促进了企业的技术创新和产业升级。由于国家政策的大力支持，数字金融覆盖到了越来越多的企业，并向这些企业提供持续的、可负担的财务支持，而行业内丰富的金融资源也加剧了企业的竞争，迫使企业致力于技术创新以占据更多的市场份额和竞争优势。同时，信贷资源可得性的上升会促进企业的“脱虚向实”，更有动力将更多的资源投入实体项目的建设中，从而推动企业的结构化转型。根据信号传递理论，企业增加创新投入、实业化投资以及降低金融化，能够向外界投资者传递企业可持续经营的利好信号。并且，数字金融可以提高企业信息披露质量和速度，使投资者能够更全面、及时地了解企业的经营状况，进一步识别出发展前景良好的企业。供应商企业作为客户企业重要的利益相关者，其对下游客户企业的评价直接影响着货物的供给量和供应链的持续性，客户企业积极的信号会增强上游供应商与企业合作的信心，从而减少了供应链断裂的可能性，降低了供应链风险。与此同时，企业借由数字金融获得的信息具有溢出效应，这些信息可以通过供应链传递给上游供应商企业，减少供应商搜寻信息的成本。此外，供应商企业还可以学习和模仿下游客户企业的生产方式和创新模式，间接提升自身的创新水平和效率。这些都促进了供应商与客户企业的合作，削弱了供应链波动的可能性。通过以上分析，提出假设 7 - 1。

假设 7 - 1：在其他条件一定的情况下，数字金融发展水平越高，供应商集中度越高，供应链风险越低。

二、数字金融、短期偿债风险和供应链风险

一方面，基于长尾理论，数字金融利用多样化、多维度的互联网服务模式，拓展了金融服务的网络渠道，打破了传统金融服务易受基础设施和地理距离的限制，扩大了金融服务的内容和边界，使得数字金融服务的对象由少量高端客户延伸到中小企业等“长尾”客户，促进了“长尾”群体获得更多的资金。此外，客户征信系统的构建简化了信贷审查的流程、缩短了信贷审查的时间，在金融体系中产生优化效能，提高了金融服务的效率。企业融资渠道的拓宽和融资效率的提升进一步缓解了企业融资约束，保证了企业有充足的现金持有量。由于应收账款的存在，上游供应商企业对下游客户企业的还款能力非常敏感，而客户企业融资约束水平的降低、现金流的扩充增强了企业的货款支付能力，促使企业短期偿债风险下降。较低的短期偿债风险会向供应商企业传递经营状况良好的信息，增强了上游供应商企业持续与客户企业进行交易的强烈意愿，从而提高了供应商集中度，并给客户企业带来稳定的供应链关系。

另一方面，数字金融凭借信息技术建立的征信体系，可以实时获取借款企业的各类数据，以较低的成本和较高的效率评估其信用风险，并对企业贷款资金的使用情况进行动态监管。这有效解决了借贷企业信息不对称问题，在一定程度上减少了企业管理者的机会主义行为，防止管理者故意拖欠供应商货款，以及为了凸显个人价值产生过度投资的现象，从而保证企业持有合理的现金，增强了企业的短期偿债能力，促使供应商—客户维持稳定的合作关系，降低了供应链风险。通过以上分析，提出假设 7－2。

假设 7－2：在其他条件一定的情况下，数字金融能够通过削减短期偿债风险来提高供应商集中度，降低供应链风险。

三、数字金融、经营风险和供应链风险

熊彼特认为经济体的产出和信贷与资本市场的运作是密不可分的，企业的经营绩效受到信贷资金可获得性的限制。这意味着，如果内部资源不能满

足企业经营需要，外部融资约束是制约企业发展的关键因素。首先，数字金融的发展缓解了企业的融资约束，有利于降低企业的杠杆率、提升企业的财务稳定性，使得企业可以将更多的精力致力于实体领域的发展，从而提升了企业绩效，降低了企业的经营风险。其次，数字金融利用大量数据建立的信用评估模型可以筛选出信用评级高的企业，能够给予企业更合理的风险定价，并向企业提供更成熟的贷款管理和风控技术。此时，拥有风控技术的企业能够有效比较不同项目的风险，进而选择优质项目，降低了经营风险对企业经营绩效的负面影响。最后，数字金融增强了企业的信息透明度，银行等金融机构倾向于向市场竞争地位高的企业提供资金支持，这迫使企业增加创新投入来实现产品和技术的创新，以获取更多的竞争优势。根据企业声誉理论，经营风险低且加强创新投入的企业会向外界树立可持续发展的形象，得到社会公众的认可。上游供应商企业作为重要的利益相关者，会加强专有资金的投资，强化供应商—客户的交易关系，最终削弱了供应链风险。通过以上分析，提出假设7-3。

假设7-3：在其他条件一定的情况下，数字金融能够通过削减经营风险来提高供应商集中度，降低供应链风险。

第四节　研究设计

一、样本选择与数据来源

以2011~2021年我国A股上市公司为研究对象，样本数据进行以下处理：剔除金融业、ST类样本；剔除数据缺失或异常的样本；对所有连续变量进行了1%水平的缩尾处理。数据处理后，共得到4270个样本观测值。本章的财务数据均来自国泰安（CSMAR）数据库，数字金融数据来源于北京大学互联网金融研究中心课题组发布的数字普惠金融指数，并使用Stata16.0软件对上述数据进行处理。

二、变量定义和说明

（一）被解释变量

供应商集中度。供应商在企业生产经营和组织管理的链条上具有独特地位，相对于企业内部人员，供应商是企业外部利益相关者，而相对于银行、中小股东等外部利益相关者，供应商与企业内部管理者又有着紧密的联系。因此，本章选择的利益相关者是企业的上游供应商。此外，供应商集中度能够灵敏地反映其对下游企业经营情况的判断和信心，所以参照傅立立等（2022）的做法，采用供应商集中度来衡量供应链风险，即供应商集中度越高，供应链风险越小，供应商集中度用前五大供应商销售占比的赫芬达尔指数来度量。供应商集中度的计算公式为：

$$HHI = \sum_{N=1}^{5} (per_n)^2 \tag{7-1}$$

其中，per_n 表示第 n 个供应商销售额占总销售额的比例。

（二）解释变量

数字金融。借鉴郭峰等（2020）的研究，采用北京大学互联网金融研究中心课题组编制的数字普惠金融指数中的省级层面的数字普惠金融总指数除以100来衡量数字金融。

（三）中介变量

1. 短期偿债风险

参考傅立立等（2022）的研究，企业一般用现金比率、流动性比率和速动比率等财务指标来反映企业的短期偿债风险，因此，以现金比率来衡量企业的短期偿债风险，现金比率越高，企业的短期偿债风险越小。同时，采用流动性比率、速动比率进行稳健性检验。现金比率的计算公式为：

$$Cash = \frac{货币资金 + 有价证券}{流动负债} \tag{7-2}$$

2. 经营风险

已有研究表明，企业经营风险越高，盈利波动程度也越大。因此，参考王竹泉等（2017）的方法，以企业盈利的波动程度，即第 $t-4$ 年至 $t-1$ 年的息税折旧摊销前利润率的标准差来衡量经营风险。经营风险的计算公式为：

$$Risk_{i,t} = \sqrt{\frac{1}{T-1}\sum_{t-1}^{T}\left(E_{i,t} - \frac{1}{T}\sum_{t-1}^{T}E_{i,t}\right)^2} \mid T = 4 \tag{7-3}$$

其中，$E_{i,t} = \frac{EBIT_{i,t}}{A_{i,t-1}}$，$EBIT_{i,t}$表示第 i 家企业第 t 年的息税折旧摊销前利润，$A_{i,t-1}$表示第 i 家企业第 $t-1$ 年的总资产，$Risk_{i,t}$表示第 i 家企业第 t 年的经营风险。

（四）控制变量

借鉴杨志强等（2020）的做法，对可能影响供应商供货稳定性的其他变量进行控制，具体包括资产负债率、净资产收益率、企业成长性、企业规模、第一大股东持股比例、应收账款周转率、存货周转率、应付账款周转率，还控制了年度变量和行业变量。

相关变量的具体定义见表 7－1。

表 7－1　　变量定义

变量类型	变量名称	变量符号	变量说明
被解释变量	供应商集中度	*HHI*	前五大供应商销售占比的赫芬达尔指数
解释变量	数字金融	*Index*	省级层面的数字普惠金融总指数除以 100
中介变量	短期偿债风险	*Cash*	（货币资金＋有价证券）/流动负债
	经营风险	*Risk*	息税折旧摊销前利润率的标准差
控制变量	资产负债率	*Lev*	总负债/总资产
	净资产收益率	*Roa*	净利润/资产平均余额
	企业成长性	*Grow*	营业收入增长率
	企业规模	*Size*	总资产取对数
	第一大股东持股比例	*Top*1	第一大股东持股数量占公司总股本之比
	应收账款周转率	*ArDays*	应收账款周转天数除以 365
	存货周转率	*InvDays*	存货周转天数除以 365
	应付账款周转率	*ApDays*	应付账款周转天数除以 365

三、模型构建

根据以上理论分析，本章构建模型（7-4）以检验假设7-1：

$$HHI_{i,t} = \alpha_0 + \alpha_1 Index_{i,t} + \sum \alpha \times Controls_{i,t} + \sum Year + \sum Ind + \varepsilon_{i,t} \tag{7-4}$$

其中，$\sum Year$ 和 $\sum Indy$ 分别表示行业和年份固定效应，$\varepsilon_{i,t}$ 代表随机扰动项。进一步，借鉴巴伦和肯尼（1986）的层级回归三步法，在模型（7-4）的基础上构建模型（7-5）和模型（7-6）检验假设7-2，以及构建模型（7-7）和模型（7-8）检验假设7-3：

$$Cash_{i,t} = \beta_0 + \beta_1 Index_{i,t} + \sum \beta \times Controls_{i,t} + \sum Year + \sum Ind + \varepsilon_{i,t} \tag{7-5}$$

$$HHI_{i,t} = \beta_0 + \beta_1 Index_{i,t} + \beta_2 Cash_{i,t} + \sum \beta \times Controls_{i,t} + \sum Year + \sum Ind + \varepsilon_{i,t} \tag{7-6}$$

$$Risk_{i,t} = \lambda_0 + \lambda_1 Index_{i,t} + \sum \lambda \times Controls_{i,t} + \sum Year + \sum Ind + \varepsilon_{i,t} \tag{7-7}$$

$$HHI_{i,t} = \lambda_0 + \lambda_1 Index_{i,t} + \lambda_2 Risk_{i,t} + \sum \lambda \times Controls_{i,t} + \sum Year + \sum Ind + \varepsilon_{i,t} \tag{7-8}$$

第五节　实证结果与分析

一、描述性统计

表7-2报告了主要变量的描述性统计结果。供应商集中度（*HHI*）的均值为0.0558，中位数为0.0215，最小值和最大值分别为0.0006和0.5546，说明各企业在供应商集中度方面存在较大差异，即各企业面临的供应链风险差异性较大。数字金融（*Index*）的标准差为0.9354，最小值为0.3242，最大值

为4.5897，说明各地区的数字金融发展水平差别较大。短期偿债风险（*Cash*）的均值为0.5636，说明我国A股上市公司的现金比率普遍较低，中位数为0.3134，最小值和最大值分别为0.0141和5.7047，表明企业之间的短期偿债风险差异性较大。经营风险（*Risk*）的最小值为0.0030，最大值为0.6225，表明各企业面临的经营风险存在较大差异。资产负债率（*Lev*）的均值为0.4827，最小值为0.0684，最大值为0.9204，说明我国A股上市公司整体的负债水平较高，且差距较大。其他变量与现有研究结论相似，均在合理区间。

表7-2　　描述性统计

变量	样本数	均值	中位数	标准差	最小值	最大值
HHI	4270	0.0558	0.0215	0.0894	0.0006	0.5546
Index	4270	2.5558	2.6112	0.9354	0.3242	4.5897
Cash	4270	0.5636	0.3134	0.7984	0.0141	5.7047
Risk	4270	0.0470	0.0252	0.0788	0.0030	0.6225
Lev	4270	0.4827	0.4950	0.1902	0.0684	0.9204
Roa	4270	0.0367	0.0310	0.0514	-0.3628	0.1955
Grow	4270	0.1134	0.0783	0.1895	-0.3586	1.2265
Size	4270	22.6847	22.5472	1.2498	19.6547	26.3805
*Top*1	4270	0.3432	0.3176	0.1449	0.0908	0.7365
ArDays	4270	0.1834	0.1354	0.1900	0.0011	1.2774
InvDays	4270	0.6398	0.2327	1.2355	0.0020	7.4778
ApDays	4270	0.2580	0.2001	0.2282	0.0109	1.6410

二、相关性分析

表7-3报告了主要变量之间的相关系数。从表7-3可知，数字金融与供应商集中度的系数在1%水平上显著，说明两者之间存在相关关系。同时，系数为正初步表明数字金融降低了供应商集中度，但与假设7-1结论相反。考虑到相关性分析未控制其他变量，所以更为谨慎的结论需要加入可能影响供应商集中度的因素进行多元回归来得到。根据表7-3和方差膨胀因子VIF值均小于2，说明不存在严重的多重共线性问题。

表 7-3　相关性分析

变量	*HHI*	*Index*	*Lev*	*Roa*	*Grow*	*Size*	*Top*1	*ArDays*	*InvDays*	*ApDays*
HHI	1									
Index	-0.044***	1								
Lev	-0.099***	0.013	1							
Roa	-0.028*	-0.066***	-0.373***	1						
Grow	-0.022	-0.088***	0.048***	0.228***	1					
Size	-0.088***	0.276***	0.474***	0.000	0.092***	1				
*Top*1	0.084***	-0.049***	0.139***	0.094***	-0.029*	0.248***	1			
ArDays	-0.105***	0.057***	0.004	-0.122***	0.006	-0.145***	-0.177***	1		
InvDays	0.121***	-0.007	0.143***	-0.065***	-0.006	0.073***	0.001	-0.071***	1	
ApDays	-0.048***	0.106***	0.205***	-0.141***	-0.029*	0.088***	-0.002	0.372***	0.504***	1

注：* 和 *** 分别表示在 10% 和 1% 水平上显著。

三、回归分析

表7-4报告了模型的回归结果。第（1）列为控制了时间和行业但未加入控制变量的实证结果，数字金融（*Index*）与供应商集中度（*HHI*）的系数为0.0255，在1%水平上显著，说明两者之间呈显著正向关系。加入控制变量后，如第（2）列所示，调整 R^2 逐渐上升，说明模型拟合度较好，此时两者之间的系数为0.0218，依旧在1%水平上显著。说明从经济意义上来看，数字金融发展水平提升1%，则供应商集中度上升2.18%，这一结果表明数字金融与供应商集中度的正向关系仍然成立。综合第（1）列和第（2）列的回归结果，数字金融会显著提高供应商集中度，进而降低企业供应链风险，假设7-1得到验证。

表7-4　　回归结果

变量	(1) *HHI*	(2) *HHI*	(3) *Cash*	(4) *HHI*	(5) *Risk*	(6) *HHI*
Index	0.0255*** (4.50)	0.0218*** (3.96)	0.1142*** (2.85)	0.0197*** (3.66)	-0.0107*** (-2.60)	0.0213*** (3.88)
Cash				0.0179*** (4.96)		
Risk						-0.0405*** (-2.93)
Lev		-0.0741*** (-6.89)	-2.4795*** (-21.73)	-0.0298** (-2.55)	-0.0085 (-0.88)	-0.0745*** (-6.92)
Roa		-0.1163*** (-4.27)	-0.0402 (-0.15)	-0.1156*** (-4.30)	0.0458* (1.81)	-0.1145*** (-4.21)
Grow		0.0208*** (3.06)	0.4027*** (5.58)	0.0137** (1.99)	0.0062 (0.82)	0.0211*** (3.10)
Size		-0.0101*** (-7.89)	0.0406*** (4.55)	-0.0109*** (-8.50)	0.0015 (1.02)	-0.0101*** (-7.86)

续表

变量	(1) *HHI*	(2) *HHI*	(3) *Cash*	(4) *HHI*	(5) *Risk*	(6) *HHI*
*Top*1		0.0267** (2.49)	0.0532 (0.66)	0.0258** (2.43)	0.0499*** (4.31)	0.0287*** (2.65)
ArDays		-0.0156* (-1.72)	-0.0489 (-0.64)	-0.0147* (-1.65)	0.0157** (2.35)	-0.0150* (-1.65)
InvDays		0.0115*** (4.27)	-0.0569*** (-4.36)	0.0126*** (4.56)	0.0009 (0.45)	0.0116*** (4.29)
ApDays		-0.0216** (-2.17)	-0.0276 (-0.57)	-0.0211** (-2.12)	-0.0052 (-0.68)	-0.0218** (-2.19)
_cons	0.0521* (1.73)	0.0156 (0.53)	-0.1007 (-0.66)	0.0174 (0.60)	-0.0171 (-1.25)	0.0149 (0.50)
Year	Yes	Yes	Yes	Yes	Yes	Yes
Ind	Yes	Yes	Yes	Yes	Yes	Yes
N	4270	4270	4270	4270	4270	4270
调整 R^2	0.1917	0.2408	0.4670	0.2542	0.1467	0.2417

注：*、** 和 *** 分别表示在 10%、5% 和 1% 水平上显著；括号内为 t 值。

表 7-4 第（3）列至第（6）列报告了短期偿债风险和经营风险在数字金融对供应商集中度影响的中介效应检验结果。第（2）列中数字金融与供应商集中度的总效应显著是中介效应成立的前提。根据第（3）列的回归结果显示，数字金融（*Index*）与短期偿债风险（*Cash*）的系数为 0.1142，在 1% 水平上显著，由第（4）列可知，数字金融（*Index*）和短期偿债风险（*Cash*）与供应商集中度（*HHI*）的系数分别为 0.0197 和 0.0179，均在 1% 水平上显著。与此同时，根据第（5）列可知，数字金融（*Index*）与经营风险（*Risk*）的系数为 -0.0107，由第（6）列可知，数字金融（*Index*）和经营风险（*Risk*）与供应商集中度（*HHI*）的系数分别为 0.0213 和 -0.0405，均在 1% 水平上显著，且均通过 Sobel 检验。上述结果说明短期偿债风险和经营风险在数字金融影响供应商集中度过程中发挥部分中介作用，数字金融

发展水平的提高会减少企业短期偿债风险以及经营风险，提高供应商集中度，假设7－2和假设7－3得到验证。

四、稳健性检验

（一）内生性检验

1. 考虑行业的年度趋势

考虑在样本期间，某些行业经历了较大变化，并且，每年环境的变化也会对不同行业企业的供应商集中度产生不同影响，这些因素均可能对回归结果产生影响。因此，为了缓解其他因素对回归结果的影响，在模型（7－4）的基础上控制了年度乘以行业的固定效应，结果如表7－5第（1）列所示，数字金融（*Index*）与供应商集中度（*HHI*）的系数为0.0234，在1%水平上显著，进一步支持了假设7－1。

表7－5　内生性检验

变量	考虑行业的年度趋势 (1) *HHI*	倾向得分匹配法 (2) *HHI*
Index	0.0234*** (4.01)	0.0188** (2.27)
Lev	－0.0783*** (－6.67)	－0.0753*** (－4.83)
Roa	－0.1424*** (－4.41)	－0.1461*** (－3.51)
Grow	0.0211*** (2.67)	0.0188* (1.90)
Size	－0.0104*** (－7.52)	－0.0095*** (－4.90)

续表

变量	考虑行业的年度趋势 (1) *HHI*	倾向得分匹配法 (2) *HHI*
*Top*1	0.0296** (2.55)	0.0315* (1.90)
ArDays	-0.0177* (-1.71)	-0.0095 (-0.63)
InvDays	0.0120*** (3.96)	0.0187*** (4.25)
ApDays	-0.0220* (-1.94)	-0.0317* (-1.95)
_cons	-0.2000*** (-9.40)	-0.0469** (-2.16)
Year	Yes	Yes
Ind	Yes	Yes
Year × *Industry*	Yes	No
N	4270	2030
调整 R^2	0.1914	0.2327

注：*、** 和 *** 分别表示在 10%、5% 和 1% 水平上显著；括号内为 t 值。

2. 倾向得分匹配法（PSM）

为了避免样本自选择问题导致的内生性问题，采用倾向得分匹配法进行检验。首先，采用 Logit 模型，当数字金融大于中值时取 1，否则取 0，以该虚拟变量作为被解释变量，并以控制变量作为协变量，然后，采用 1：1 最近邻匹配，最后用匹配后的样本重新对模型（7-4）进行回归分析。由表 7-5 第（2）列可知，数字金融（*Index*）与供应商集中度（*HHI*）的系数为 0.0188，在 5% 水平上显著，即不存在由样本自选择引起的内生性问题，结论依旧是稳健的。

（二）其他稳健性检验

1. 替换被解释变量

借鉴王勇和王小丽（2020）的研究，将供应商集中度替换成前五大供应商采购占比之和（*PC*）。根据表7－6第（1）列可知，数字金融（*Index*）和供应商集中度（*PC*）的系数为0.0246，在1%水平上显著，证明结论是稳健的。

表7－6　　　　替换变量稳健性检验

变量	替换被解释变量	替换短期偿债风险变量			
	(1) *PC*	(2) *Current*	(3) *HHI*	(4) *Quick*	(5) *HHI*
Index	0.0246*** (2.84)	0.2100*** (2.88)	0.0204*** (3.77)	0.2421*** (3.62)	0.0198*** (3.66)
L. Index					
Current			0.0064*** (3.15)		
Quick					0.0084*** (3.68)
Lev	−0.1245*** (−7.00)	−5.4015*** (−28.81)	−0.0394*** (−2.85)	−4.8030*** (−27.09)	−0.0339** (−2.51)
Roa	−0.2365*** (−4.47)	−0.1082 (−0.24)	−0.1156*** (−4.25)	−0.3370 (−0.80)	−0.1135*** (−4.17)
Grow	0.0690*** (5.18)	0.5581*** (4.79)	0.0173** (2.53)	0.6234*** (5.73)	0.0156** (2.28)
Size	−0.0406*** (−17.31)	0.0654*** (4.38)	−0.0106*** (−8.27)	0.0662*** (4.86)	−0.0107*** (−8.37)
Top1	0.0362** (2.11)	0.0322 (0.25)	0.0265** (2.47)	0.0297 (0.24)	0.0265** (2.48)

续表

变量	替换被解释变量	替换短期偿债风险变量			
	(1) *PC*	(2) *Current*	(3) *HHI*	(4) *Quick*	(5) *HHI*
ArDays	-0.0360** (-2.22)	0.9055*** (6.41)	-0.0214** (-2.39)	0.8984*** (7.22)	-0.0231*** (-2.58)
InvDays	0.0301*** (7.71)	0.1986*** (7.70)	0.0103*** (3.70)	-0.0652*** (-2.98)	0.0121*** (4.39)
ApDays	-0.0596*** (-4.16)	-0.7468*** (-7.08)	-0.0167* (-1.69)	-0.3461*** (-3.66)	-0.0187* (-1.88)
_cons	-0.0833** (-2.42)	0.7805*** (2.70)	0.0106 (0.35)	0.7528*** (2.96)	0.0093 (0.31)
Year	Yes	Yes	Yes	Yes	Yes
Ind	Yes	Yes	Yes	Yes	Yes
N	5595	4270	4270	4270	4270
调整 R^2	0.3151	0.5498	0.2456	0.5297	0.2479

注：*、** 和 *** 分别表示在10%、5%和1%水平上显著；括号内为t值。

2. 替换短期偿债风险变量

由于企业短期偿债风险通常用现金比率、流动比率和速动比率来衡量，因此，将短期偿债风险替换成流动比率（*Current*）和速动比率（*Quick*），流动比率和速动比率越高，企业短期偿债风险越低。其中，流动比率=流动资产/流动负债；速动比率=速动资产/流动负债。回归结果如表7-6第（2）列至第（5）列所示。在第（2）列和第（4）列中，数字金融（*Index*）与企业流动比率（*Current*）和速动比率（*Quick*）的系数分别为0.2100和0.2421，均在1%水平上显著；在第（3）列和第（5）列中，数字金融（*Index*）与供应商集中度（*HHI*）的系数分别为0.0204和0.0198，数字金融（*Index*）与企业流动比率（*Current*）和速动比率（*Quick*）的系数分别为0.0064和0.0084，均在1%水平上显著，进一步表明了结论的稳健性。

3. 更换样本区间

由于我国数字金融的发展与全球的金融化发展之间息息相关，忽略该因素可能会对回归结果产生影响（唐松，2020）。并且2015年我国金融市场发生了严重股灾，该系统性风险难以用变量进行测量，为了保证回归结果的稳健性，参考盛明泉等（2022）的做法，剔除2015年及之后的年份，对2011～2014年的样本数据进行回归。回归结果如表7－7第（1）列所示，与主要回归结果基本保持一致，结论得到支持。

表7－7　其他稳健性检验

变量	更换样本区间 （1） *HHI*	解释变量滞后一期 （2） *HHI*
Index	0.0285** （2.19）	
L. Index		0.0180*** （3.05）
Lev	－0.0881*** （－3.71）	－0.0679*** （－6.09）
Roa	－0.0854 （－1.15）	－0.1179*** （－4.27）
Grow	0.0333** （2.00）	0.0171** （2.38）
Size	－0.0114*** （－4.22）	－0.0097*** （－7.32）
*Top*1	0.0393** （2.08）	0.0251** （2.16）
ArDays	0.0302 （1.26）	－0.0224*** （－2.59）
InvDays	0.0009 （0.17）	0.0138*** （4.71）

续表

变量	更换样本区间 (1) *HHI*	解释变量滞后一期 (2) *HHI*
ApDays	-0.0257 (-0.95)	-0.0291 *** (-2.79)
_cons	0.0948 (1.12)	-0.0074 (-0.44)
Year	Yes	Yes
Ind	Yes	Yes
N	1298	3712
调整 R^2	0.2310	0.2428

注：** 和 *** 分别表示在5%和1%水平上显著；括号内为t值。

4. 解释变量滞后一期

因为数字金融的发展通过供应链对上游供应商企业的行为决策产生影响存在一定的滞后性，所以，本部分以滞后一期的数字金融（*L. Index*）作为解释变量，代入模型（7-4）进行回归，结果如表7-7第（2）列所示，数字金融（*L. Index*）与供应商集中度（*HHI*）的系数为0.0180，在1%水平上显著，进而表明研究结论是稳健的。

五、进一步分析

（一）数字金融维度

参考唐松（2020）的研究，数字金融可以分为数字金融覆盖广度和数字金融使用深度两个维度，因此数字金融的不同维度可能会对供应商集中度产生不同程度的影响。首先，数字金融覆盖广度越高，表明该地区的融资环境越好，越能够为企业提供大量的信息，从而缓解了借贷双方的信息不对称程度，进一步降低了企业因信息闭塞而错失投资机会的可能性，促进了企业的可持续性发展，并增强了供应商合作的意愿。同时，数字金融服务范围的扩大也加剧了企业之间的竞争，为了抢占金融资源，企业会加大创新投入来提升其技术创新水平，此时，基于技术溢出效应，供应商可能会为了加快自身的发展而选择继续与客户合作。其次，数字金融使用深度体现了数字金融服务的多样化，数字金融使用深度越高，越能够提高数字金融在创新服务方面的竞争优势，这增强了传统金融机构之间的竞争，倒逼其优化服务模式，进而拓宽了企业的融资渠道，有利于其缓解融资约束。充足的资源保证了企业的正常运行和还款能力，也提升了企业的风险承担水平，使得供应商能够持续向企业供货，加强了供应商—客户的供应链稳定性。

参考马连福和杜善重（2021）的做法，以省级层面的数字金融覆盖广度指数除以 100 和数字金融使用深度指数除以 100 分别衡量数字金融覆盖广度（*Cover*）和数字金融使用深度（*Usage*）。回归结果如表 7－8 所示，数字金融覆盖广度（*Cover*）与供应商集中度（*HHI*）的系数为 0.0240，在 1% 水平上显著，数字金融使用深度（*Usage*）的系数为 0.0097，在 5% 水平上显著，说明数字金融的覆盖广度和使用深度均能够提高供应商集中度，进而降低供应链风险，且数字金融覆盖广度的作用更显著。

表 7－8　数字金融维度回归

变量	数字金融维度	
	覆盖广度 (1) *HHI*	使用深度 (2) *HHI*
Cover	0.0240*** (4.81)	
Usage		0.0097** (2.45)
Lev	-0.0733*** (-6.84)	-0.0751*** (-6.95)
Roa	-0.1162*** (-4.28)	-0.1168*** (-4.27)

续表

变量	数字金融维度	
	覆盖广度 (1) *HHI*	使用深度 (2) *HHI*
Grow	0. 0209 *** (3. 07)	0. 0207 *** (3. 03)
Size	-0. 0102 *** (-7. 95)	-0. 0100 *** (-7. 81)
*Top*1	0. 0259 ** (2. 42)	0. 0277 ** (2. 57)
ArDays	-0. 0160 * (-1. 76)	-0. 0151 * (-1. 66)
InvDays	0. 0116 *** (4. 28)	0. 0116 *** (4. 30)
ApDays	-0. 0212 ** (-2. 14)	-0. 0222 ** (-2. 23)
_cons	0. 2768 *** (7. 33)	0. 2769 *** (7. 34)
Year	Yes	Yes
Ind	Yes	Yes
N	4270	4270
调整 R^2	0. 2426	0. 2386

注：*、** 和 *** 分别表示在 10%、5% 和 1% 水平上显著；括号内为 t 值。

（二）异质性检验

1. 市场化程度

由于我国各地区的市场化进程不同，数字金融对供应商集中度的影响也有所差别。基于信息传递理论，市场化进程较高的地区拥有完善的法律制度和监管体系，能够保证信息披露的质量，并且地区市场化程度越高，金融发展程度越高，金融基础设施也越好。这些都增强了金融市场信息的透明度和准确性，提高了信息的传导速度，使得下游客户企业积极提高数字金融发展水平以获得更多资金的利好信息能够更快速地传递给上游供应商企业。而市场化程度较低的地区，市场要素不健全，信息传递速度较慢，导致上游供应商企业不能了解下游客户企业的生产经营状况，对客户企业的未来发展产生怀疑，可能会减少对企业的供货量，从而增加了企业的供应链风险。与此同时，市场化程度低的地区，数字金融的发展会受到一定的限制，且金融资源的配置可能会受到政府的干预不能实现资源的有效配置，致使企业融资约束水平提升，削弱企业向供应商还款的能力，最终降低供应商集中度。

因此，借鉴樊纲等（2011）的做法，采用历年的省份市场化指数来衡量市场化程度，并根据市场化程度中位数对企业进行分组，大于中位数为高市场化程度，小于中位数的为低市场竞争程度。实证结果如表 7 - 9 第（1）列和第（2）列所示。在市场化程度高的地区，企业数字金融（*Index*）与供应商集中度（*HHI*）的系数为 0.0488，在 1% 水平上显著，而在市场化程度低的地区，两者的关系不显著。研究表明，在市场化程度高的地区，数字金融对供应商集中度的促进作用更明显，而处于低市场化程度的企业由于信息不对称、数字金融错配等原因，数字金融与供应商集中度的关系不明显。

表 7 - 9　　异质性分析

变量	市场化程度		内部控制质量	
	高市场化程度 (1) *HHI*	低市场化程度 (2) *HHI*	高内部控制质量 (3) *HHI*	低内部控制质量 (4) *HHI*
Index	0.0488*** (5.51)	0.0017 (0.23)	0.0334*** (4.21)	0.0132* (1.69)
Lev	-0.0624*** (-4.01)	-0.0845*** (-5.75)	-0.0815*** (-4.25)	-0.0816*** (-6.20)
Roa	-0.1460*** (-3.70)	-0.0764* (-1.88)	-0.1520*** (-2.83)	-0.1351*** (-3.76)

续表

变量	市场化程度		内部控制质量	
	高市场化程度 (1) *HHI*	低市场化程度 (2) *HHI*	高内部控制质量 (3) *HHI*	低内部控制质量 (4) *HHI*
Grow	0.0022 (0.25)	0.0397 *** (4.02)	0.0281 *** (2.68)	0.0146 (1.56)
Size	-0.0134 *** (-6.94)	-0.0078 *** (-4.64)	-0.0108 *** (-5.98)	-0.0094 *** (-4.78)
*Top*1	0.0515 *** (3.33)	0.0052 (0.34)	0.0439 *** (2.94)	0.0072 (0.45)
ArDays	-0.0222 (-1.53)	-0.0032 (-0.27)	-0.0330 ** (-2.04)	-0.0069 (-0.61)
InvDays	0.0138 *** (3.71)	0.0104 ** (2.49)	0.0084 ** (2.00)	0.0144 *** (4.02)
ApDays	-0.0512 *** (-3.40)	-0.0029 (-0.21)	0.0063 (0.34)	-0.0318 *** (-2.62)
_cons	0.0085 (0.40)	-0.0099 (-0.24)	0.0511 (1.10)	-0.0076 (-0.21)
Year	Yes	Yes	Yes	Yes
Ind	Yes	Yes	Yes	Yes
N	2113	2157	2112	2112
调整 R^2	0.2873	0.2383	0.2105	0.2859

注：*、** 和 *** 分别表示在 10%、5% 和 1% 水平上显著；括号内为 t 值。

2. 企业内部控制质量

对于内部控制质量不同的企业而言，数字金融对供应商集中度的影响存在一定的差别。当企业内部控制质量较高时，企业可以通过良好的制度有效规范内部各业务的开展活动，提高其管理的有效性，并通过风险评估防范其采取不合理的投资决策，使得企业的经营风险降低，进一步增加上游供应商对企业生产经营的信心。此外，内部控制质量较高的企业能够强化对管理层的监督和激励，减少其机会主义行为，从而降低了企业的代理成本，提高了企业投资决策的科学性和可持续发展能力。这促使企业能够加快发展数字金融，从不同的融资渠道获得资金以实现产业结构升级，形成更多市场竞争优势，提高供应商集中度，巩固供应商—客户的供应链稳定性。而当企业内部控制质量较低时，企业的信息透明度也较差，管理层容易产生投机套利行为，这增加了企业经营的不稳定性，可能导致企业业绩下滑，进而削弱了数字金融降低企业融资约束和经营风险的作用。

以迪博的内部控制与风险管理数据库中内部控制指数的自然对数来衡量内部控制质量，并以内部控制质量的中位数将样本分为高内部控制质量和低内部控制质量两组。结果如表 7 – 9 第（3）列和第（4）列所示，在高内部控制质量的企业，数字金融（*Index*）与供应商集中度（*HHI*）的系数为 0. 0334，在 1% 水平上显著，在低内部控制质量的企业，两者的系数为 0. 0132，在 10% 水平上显著。表明无论内部控制质量高低，数字金融对供应商集中度都有显著的促进作用，但相比较之下，内部控制质量高的企业受数字金融提高供应商集中度的影响更大。

第六节　研究结论与启示

本章以 2011 ~ 2021 年我国 A 股上市公司为研究对象，实证检验了数字金融对供应链风险的影响，以及短期偿债能力和经营风险的中介作用。研究表明，数字金融能够显著提升供应商集中度，从而降低供应链风险，短期偿债风险和经营风险在数字金融与供应链风险之间起到部分中介作用，且经过一系列稳健性检验后，结论依旧成立。进一步研究表明，数字金融的覆盖广度和使用深度均能显著提高供应商集中度，并且，对于市场化程度高、内部控制质量高的企业而言，数字金融对供应链风险的抑制作用更明显。

本章的研究启示如下：（1）对于企业而言，一方面要积极顺应数字金融的发展趋势，有效利用数字金融成本低、速度快、覆盖广等特点，实现金融资源的有效配置，从而缓解企业融资约束，获得更多的资金支持，增强企业承担风险的能力，保证企业的正常生产经营。另一方面借助数字金融的发展降低企业与利益相关者之间的信息不对称程度，减少企业管理层机会主义行为和代理成本，提高企业的投资效率和技术创新投入，进而向外界传递企业可持续健康发展、拥有较强竞争优势的利好信号，有助于供应商与客户企业建立稳定的交易关系，削弱供应链风险。（2）对于数字金融发展而言，要推动数字金融的稳步发展，不断扩展和提升数字金融的覆盖广度和使用深度。并且，相较于数字金融的覆盖广度，更应该挖掘其使用深度，促进金融资源均衡、高效地配置，实现我国经济的可持续性发展。（3）对于政府而言，应该建立有效的市场监管机制，加强对金融市场的引导和监督作用。目前，我国数字金融的发展仍处于初期阶段，数字金融在对企业产生有利影响的同时，也会带来新的金融风险，政府需要完善风险防范体系，并对金融市场进行适当干预，充分发挥数字金融有效配置资源的优势。此外，政府也需要加大力度支持数字金融的发展，投资更多的公共数字技术资源，加快优化金融市场结构，促进我国经济的高质量发展。

第八章

数字金融与审计质量

第一节　引　　言

根据《中国数字经济发展白皮书（2021）》显示，2020 年中国数字经济规模已达 39.2 万亿元，占 GDP 比重达 38.6%，成为国民经济高质量发展的重要支撑。在数字经济发展进程中，催生了以数字金融为代表的新兴金融业态。传统金融机构与互联网公司利用数字技术实现融资、支付、投资和其他新型金融业务的模式即为数字金融。金融和技术深度结合所形成的数字金融日益影响着实体经济的各个领域。相关研究也在逐步深入，目前学者们主要关注数字金融的经济后果，在宏观层面，学者们研究发现数字金融可以促进经济增长、改善金融供给环境以及维持资本市场稳定，从而营造良好的审计环境。在微观层面，学者们研究发现数字金融能缓解企业融资困境、促进企业创新、降低企业非投资效率、提高企业风险承担水平以及提升企业价值，从而降低企业经营过程中审计风险的概率，提高审计质量。

数字金融作为传统金融的有益补充，在缓解企业融资约束、促进企业创新、大大降低企业经营风险和财务风险的同时，提升了会计信息质量。而现代风险导向审计以被审计单位的风险分析为切入点，那么数字金融能否通过降低企业经营风险、财务风险，进行有效的风险控制，以及能否提升会计信息质量，产生信息效应，从而提升审计质量，发挥新金融模式"如愿以偿"

的效果呢？此外，金融的改革创新势必会带来新的金融风险，数字金融是否会通过这些新的风险影响企业发展从而降低审计质量，产生“事与愿违”的效应呢？基于此，本章以2011～2021年我国A股上市公司为研究对象，以数字金融为切入点，探究数字金融对审计质量的影响和作用机制。

本章的可能创新点在于：（1）将宏观的数字金融与审计质量相结合，实证检验数字金融能够提高审计质量，丰富了审计质量的研究视角，同时将数字金融的研究延伸到审计领域，拓展了数字金融的经济后果研究。（2）从数字金融维度、地区差异、金融监管和事务所规模等视角考察不同情境下数字金融对审计质量的影响，深化了数字金融和审计质量的关系研究。（3）从经营风险、财务风险、会计信息质量以及关键审计事项披露四条路径阐述了数字金融对审计质量的作用机制，可以为推动企业高质量发展提供经验证据和启示。

第二节 文献综述

一、审计质量的影响因素

高质量审计不仅有助于降低企业信息不对称，促进企业高质量发展，而且还能够降低市场风险，推动资本市场的健康发展。审计质量一般是指会计师事务所发现客户违规并报告该违规的联合概率。梳理审计质量的影响因素文献，主要是从审计环境、审计客体和审计主体三方面展开探讨。在审计环境方面，现有文献主要从审计市场集中度、营商环境、地区交通基础设施建设、产业政策等方面进行探讨，研究发现审计市场集中会降低审计质量，而良好的营商环境、交通基础设施建设和产业政策则能够提高审计质量。在审计客体方面，学者们主要关注管理者自信、企业金融化、董事会权威性等方面对审计质量的影响，研究发现管理层过度自信和企业金融化与审计质量呈负相关关系，而董事会的权威性能够显著提升审计质量。在审计主体方面，主要关注审计师个人特征和审计师的社会关系，研究发现审计师的从业经验和海外经历能够增强其独立性与专业胜任能力，提高审计质量。审计师与高管存在的校友关系、乡音关系会损害审计师的独立性，降低审计质量，而审计师与独立董事之间的同校、同门和同乡关系则会产生积极的信息效应，提高审计质量。因此不难看出，审计质量的高低不仅取决于审计师本身，也在一定程度上依赖审计环境和审计客体。

二、数字金融的经济后果

对于数字金融的经济后果研究，学者们主要集中在宏观层面、行业层面和企业层面。宏观层面，学者们研究发现数字金融能够降低金融系统性风险、促进经济高质量发展、促进城市创新以及维护资本市场稳定。行业层面，学者们研究发现数字金融的发展不仅推动了银行存贷款利率的市场化进程，加剧了银行之间的竞争，还通过技术优势和成本优势倒逼传统金融机构升级信贷定价模式，改善银行的成本效率，提高银行的资源配置效率和风险控制以及风险承担水平。企业层面，数字金融利用资源优势和信息优势缓解融资困境、降低信息不对称，从而缓解传统金融存在的“金融歧视”和“金融错配”问题，促进企业创新、降低股价崩盘风险、提高企业风险承担水平、提升企业价值。

综上所述，学者们不仅从审计师视角考察了审计质量的影响因素，而且进一步从宏观环境和企业行为等方面进行了探讨，成果丰硕，但是鲜有文献从数字金融的视角研究审计质量，基于此，本章以数字金融为出发点，研究其对审计质量的影响，以期丰富数字金融和审计质量的相关研究成果。

第三节　理论分析与假设提出

一、数字金融与经营风险

数字金融能够降低企业的经营风险，进而提升审计质量。一方面数字金融作为金融与数字技术的结合体，其金融属性为企业提供资金，缓解企业融资约束，数字化技术的发展促使企业进行转型升级。数字金融在促进创新方面具有得天独厚的先天优势，能有效地促进企业创新，提升企业核心竞争力。创新作为企业持续高质量发展的源泉，在实现企业当期盈利的同时，更预示着企业未来的良好经营环境，降低企业的经营风险。另一方面企业经营活动会产生高度不确定性，因此管理层需要掌握更多信息规避风险，数字金融天然的信息黏合作用能有效地减少信息损失，帮助管理层获取更多的信息。在人工智能等数字化技术的支持下，数字金融不仅能够以较低的成本与风险处理大量数据，而且能够提高信息吸收的广度与深度。此外数字金融能够利用文本挖掘技术将非结构化信息转变为结构化信息，从而及时获取外部关键信息，进而能够将关键有效信息及时传递给管理层，帮助企业决策，降低企业的经营风险。

二、数字金融与财务风险

数字金融能够降低企业的财务风险，进而提升审计质量。已有研究表明，企业资金来源和资金使用效率是引发企业财务风险的重要因素。从企业资金来源角度分析，数字金融能够改善企业融资结构，缓解企业融资约束，进而降低企业财务风险。第一，数字金融优化了间接融资渠道。一方面数字金融加剧银行业的竞争水平，促进银行贷款的市场化进程，有效解决了我国资本市场融资难融资贵的问题；另一方面数字金融改变了银行的贷款方式，银行借助互联网、区块链等技术，通过对市场信息的整合与收集，建立起一套完备的信用审批制度，根据信用水平的高低，审核企业获取银行贷款的资格。在摆脱传统金融机构质押贷款方式的同时，也降低了企业的融资成本。第二，数字金融拓展了直接融资范围。数字金融通过支付宝等数字化平台，降低市场投资者与企业之间的信息不对称，将融资信息传递给所需目标投资者，吸引投资，补充企业的资金需求。从企业资金使用效率角度分析，数字金融通过提高企业风险识别能力，降低企业非投资效率，进而降低企业财务风险。

三、数字金融与信息质量

数字金融能够强化企业会计信息质量，从而提升审计质量。在我国金融市场中，企业信息质量普遍较低，原因在于企业与投资者之间存在严重的信息不对称。数字金融通过大数据等技术，增强对各种信息的甄别，并依托网络平台为市场提供更多真实、有效的信息，在降低市场信息不对称的同时增加企业违规成本，倒逼企业提高会计信息质量。此外，一方面数字金融通过数字技术对企业进行全方面评估，监督企业的经营行为，降低上市公司和审计师合谋的概率，增强审计师的独立性，提高审计质量，进一步提升会计信息质量。另一方面，数字金融通过信息效应显著提高企业的内部控制水平，进而有助于提升企业的会计信息质量。

但是，数字金融并未改变其金融属性，势必会带来相应的新风险。首先，数字金融通过加剧企业金融风险，从而降低审计质量。数字金融在缓解企业资金压力的同时丰富了金融产品的种类和可获得性，不仅促进了企业的“逐利动机”，也为企业进入金融行业提供了机会，从而促进了企业金融化。企业金融化则可能会导致其通过盈余操纵等手段提高审计风险，导致审计质量降低。其次，数字金融通过加强被审计单位的环境不确定性，降低审计质量。由于监管的滞后性，监管部门对数字金融的复杂性与易变性难以实施有效的管控，可能会导致环境不确定性的增加，提高审计工作难度，加大重大错报风险的概率，降低审计质量。

综上所述，一方面数字金融通过降低企业的经营风险和财务风险、提高会计信息质量，进而降低了审计师的审计风险。在审计资源限制下，较低的审计风险会降低审计师的审计难度，缩小实际审计意见与预计发表无保留意见概率的偏差，提高审计质量，发挥新金融模式“如愿以偿”的作用。另一方面，数字金融也会提高企业金融化和金融环境的不确定性，导致审计风险提高，降低审计质量，产生“事与愿违”的效果。由此，提出本章的对立假设 8 - 1a 和假设 8 - 1b。

假设 8 - 1a：在其他条件不变的情况下，数字金融会提高审计质量。

假设 8－1b：在其他条件不变的情况下，数字金融会降低审计质量。

第四节　研究设计

一、样本选择与数据来源

本章以 2011～2021 年 A 股上市公司为研究样本，并对样本进行以下处理：（1）剔除金融业和 ST 公司；（2）剔除样本观测缺失值；（3）对所有连续变量进行上下 1% 的缩尾处理。最终得到 19019 个观测值。数字金融数据来自北京大学数字普惠金融中心，其他财务数据均来自 CSMAR 数据库。

二、变量定义和说明

（一）被解释变量

审计质量（AQ）。借鉴古尔等（Gul et al.，2013）、董小红和孙文祥（2021）的方法，通过模型（8－1）预测审计师发表标准审计意见的概率，然后以模型（8－2）计算实际发表的审计意见减去审计师发表标准无保留审计意见的概率，最后取差值的负向绝对值来衡量审计质量，该值越大，审计质量越高。具体计算过程如下：

$$Mao_{i,t} = \alpha_0 + \alpha_1 QuickR_{i,t} + \alpha_2 AR_{i,t} + \alpha_3 Other_{i,t} + \alpha_4 Inv_{i,t} + \alpha_5 ROA_{i,t} + \alpha_6 Loss_{i,t} + \alpha_7 Lev_{i,t} + \alpha_8 Size_{i,t} + \alpha_9 Age_{i,t} + \alpha_{10} Ind_{i,t} + \alpha_{11} Year_{i,t} + \varepsilon_{i,t} \tag{8-1}$$

$$AQ_{i,t} = -\left| Opinion_{i,t} - Mao_{i,t} \right| \tag{8-2}$$

模型（8－1）中，$QuickR$、AR、$Other$、Inv、ROA、$Loss$、Lev、$Size$、Age 分别表示保守速动比率、应收账款占总资产比率、其他应收款占总资产比率、存货占总资产比率、总资产收益率、本年是否亏损、资产负债率、公司规模、公司上市年限。

（二）解释变量

数字金融（*Index*）。借鉴唐松等（2020）的方法，以北京大学数字普惠金融中心发布的省级数字金融指数作为数字金融的代理变量，为消除量级产生的回归误差，回归中对该指数除以1000。

（三）控制变量

参考梁上坤等（2021）、董小红和孙文祥（2021）的方法，选取公司层面和事务所层面相关控制变量：企业规模（*Size*）、盈利能力（*Roe*）、资本结构（*Lev*）、董事会规模（*Bds*）、监事会规模（*Bss*）、独立董事比例（*Indr*）、机构投资者持股比例（*Insti*）、股权集中度（*First*）、两职合一（*Dual*）、产权性质（*Soe*）、公司年龄（*Age*）、事务所声誉（*Big4*）等。

相关变量具体定义见表8－1。

表8－1　　　　变量定义

变量类型	变量名称	变量符号	变量说明
被解释变量	审计质量	*AQ*	详见变量说明
解释变量	数字金融	*Index*	省级数字普惠金融指数
控制变量	企业规模	*Size*	企业总资产的自然对数
	盈利能力	*Roe*	净利润/净资产
	资本结构	*Lev*	总负债/总资产
	董事会规模	*Bds*	ln(1＋董事会人数)
	监事会规模	*Bss*	ln(1＋监事会人数)
	独立董事比例	*Indr*	独立董事人数/董事会人数
	机构投资者	*Insti*	机构投资者持股数/企业总股数
	股权集中度	*First*	第一大股东持股比例
	两职合一	*Dual*	董事长与总经理是同一人为1否则为0
	产权性质	*Soe*	国企为1，民营为0
	公司年龄	*Age*	公司成立至今的时间
	事务所声誉	*Big4*	事务所是四大为1，非“四大”为0

三、模型构建

为了验证假设 8－1a 和假设 8－1b 数字金融对审计质量的影响，本章构建回归模型（8－3）：

$$AQ_{i,t} = \alpha_0 + \alpha_1 Index_{i,t} + \sum \alpha \times Controls + \sum Year + \sum Ind + \varepsilon_{i,t} \tag{8-3}$$

其中，*Controls* 代表控制变量。若 α_1 显著为正，则代表假设 8－1a 成立，数字金融能够提高审计质量；若 α_1 显著为负，则代表假设 8－1b 成立，数字金融将会降低审计质量。

第五节　实证结果与分析

一、描述性统计

表 8－2 为各变量的描述性统计结果。审计质量（*AQ*）的中位数为－0.0120，大于均值－0.0406，说明我国 A 股上市公司审计质量总体偏高，这与董小红和孙文祥（2021）的研究结论一致，但审计质量最小值为－0.9417，最大值为－0.0024，表明市场上审计质量差距较大。数字金融（*Index*）的均值为 0.2578，小于中位数 0.2681，且标准差为 0.0999，表明数字金融发展整体不均匀，各地区的差距较大。其他控制变量均在合理水平。

表 8－2　　描述性统计

变量	样本数	均值	中位数	标准差	最小值	最大值
AQ	19019	－0.0406	－0.0120	0.1288	－0.9417	－0.0024
Index	19019	0.2578	0.2681	0.0999	0.0327	0.4319

续表

变量	样本数	均值	中位数	标准差	最小值	最大值
Size	19019	22. 2825	22. 1030	1. 3128	19. 9808	26. 3653
Roe	19019	0. 0645	0. 0737	0. 1201	-0. 6387	0. 3121
Lev	19019	0. 4217	0. 4148	0. 2031	0. 0533	0. 8665
Bds	19019	2. 3768	2. 3979	0. 2238	1. 7918	2. 9444
Bss	19019	1. 6021	1. 6094	0. 2582	1. 3863	2. 3979
Indr	19019	0. 4231	0. 4000	0. 1391	0. 2143	0. 8889
Insti	19019	44. 4377	46. 5107	25. 0268	0. 3035	91. 3239
Frist	19019	34. 9592	33. 0300	14. 7143	9. 2000	74. 3000
Dual	19019	0. 2912	0. 0000	0. 4543	0. 0000	1. 0000
Soe	19019	0. 3193	0. 0000	0. 4662	0. 0000	1. 0000
Age	19019	17. 2761	17. 0000	5. 9596	2. 0000	53. 0000
Big4	19019	0. 0664	0. 0000	0. 2490	0. 0000	1. 0000

二、回归分析

表8-3为数字金融对审计质量的回归结果及动态影响分析。第（1）列为不加控制变量，只控制年份行业的回归结果，数字金融（*Index*）与审计质量（*AQ*）之间的系数是0. 2591（t值为7. 55），通过了1%水平性检验，第（2）列为加入相关控制变量后的回归结果，数字金融（*Index*）与审计质量（*AQ*）之间的系数是0. 1031（t值为3. 27），通过了1%水平性检验，说明数字金融显著提高了审计质量，验证了本章的假设8-1a。

由于金融的本质在于其逐利性，不可避免地需要考虑数字金融发展对审计质量的提高是短期逐利效应还是长期内在作用。借鉴李小玲等（2020）的研究设计，表8-3第（3）列至第（5）列为数字金融对审计质量的动态影响分析。从回归结果可以看出，在滞后1~3期之后，数字金融依旧能够促进审计质量的提高，表明数字金融的提升效果具有长期性，这也进一步证实了假设8-1a，数字金融能够显著提高审计质量。

表 8-3　　数字金融与审计质量的回归结果和动态影响分析

变量	(1) *AQ*	(2) *AQ*	(3) *AQ*	(4) *AQ*	(5) *AQ*
Index	0.2591*** (7.55)	0.1031*** (3.27)			
L. Index			0.1024*** (2.79)		
L2. Index				0.0959** (2.18)	
L3. Index					0.1152** (2.25)
Size		0.0109*** (11.59)	0.0103*** (9.72)	0.0116*** (9.57)	0.0117*** (8.69)
Roe		0.4025*** (54.57)	0.4086*** (50.63)	0.4138*** (46.49)	0.4274*** (44.94)
Lev		-0.1045*** (-19.18)	-0.1010*** (-16.46)	-0.1093*** (-15.62)	-0.1059*** (-13.58)
Bds		-0.0506*** (-3.38)	-0.0456*** (-2.78)	-0.0601*** (-3.28)	-0.0669*** (-3.33)
Bss		0.0452*** (2.64)	0.0395** (2.11)	0.0529** (2.53)	0.0654*** (2.86)
Dual		-0.0763** (-2.49)	-0.0684** (-2.04)	-0.0955** (-2.54)	-0.1118*** (-2.73)
Insti		-0.0002*** (-4.14)	-0.0002*** (-4.53)	-0.0003*** (-4.61)	-0.0003*** (-4.84)
First		0.0003*** (4.02)	0.0003*** (3.78)	0.0003*** (3.00)	0.0003*** (2.92)
Dual		0.0044** (2.25)	0.0050** (2.27)	0.0056** (2.23)	0.0042 (1.50)

续表

变量	(1) *AQ*	(2) *AQ*	(3) *AQ*	(4) *AQ*	(5) *AQ*
Soe		0. 0138 *** (6. 09)	0. 0177 *** (7. 10)	0. 0196 *** (7. 05)	0. 0222 *** (7. 26)
Age		-0. 0013 *** (-7. 67)	-0. 0013 *** (-7. 21)	-0. 0014 *** (-6. 71)	-0. 0014 *** (-5. 88)
Big		-0. 0107 *** (-2. 91)	-0. 0095 ** (-2. 31)	-0. 0096 ** (-2. 08)	-0. 0086 * (-1. 71)
_cons	-0. 0982 *** (-9. 20)	-0. 2275 *** (-7. 63)	-0. 2225 *** (-6. 69)	-0. 2259 *** (-6. 02)	-0. 2294 *** (-5. 49)
Year	Yes	Yes	Yes	Yes	Yes
Ind	Yes	Yes	Yes	Yes	Yes
N	19019	19019	16140	13729	11514
调整 R^2	0. 0192	0. 2075	0. 2063	0. 2059	0. 2221

注：*、** 和 *** 分别表示在 10%、5% 和 1% 水平上显著；括号内为 t 值。

三、稳健性检验

（一）内生性处理

1. 固定效应模型

为缓解回归中因未控制企业个体和时间特质的遗漏变量而产生的内生性问题，采用固定效应模型对数字金融与审计质量重新进行回归，表 8 - 4 报告了该回归结果。第（1）列至第（4）列中数字金融（*Index*）与审计质量（*AQ*）的相关系数分别是 0. 0902、0. 1207、0. 1126 和 0. 2255（t 值分别为 1. 76、3. 29、3. 06 和 1. 77），至少通过了 10% 水平性检验，因此无论是进行企业个体固定效应、时间固定效应、双向固定效应还是加地区效应的三者固定效应，数字金融对审计质量的正向效应显著，本章研究结论稳健。

表 8-4　固定效应回归结果

变量	(1) 个体 *AQ*	(2) 年度 *AQ*	(3) 双向 *AQ*	(4) 地区行业年度 *AQ*
Index	0.0902* (1.76)	0.1207*** (3.29)	0.1126*** (3.06)	0.2255* (1.77)
Size	0.0155*** (6.59)	0.0107*** (10.11)	0.0109*** (10.16)	0.0108*** (9.98)
Roe	0.3766*** (45.68)	0.4012*** (54.16)	0.3973*** (53.54)	0.3979*** (53.46)
Lev	-0.1293*** (-13.77)	-0.1029*** (-17.70)	-0.1075*** (-17.96)	-0.1070*** (-17.81)
Bds	-0.0422** (-2.44)	-0.0470*** (-3.06)	-0.0493*** (-3.22)	-0.0502*** (-3.28)
Bss	0.0432** (2.19)	0.0440** (2.51)	0.0456*** (2.61)	0.0467*** (2.67)
Dual	-0.0615* (-1.72)	-0.0713** (-2.27)	-0.0749** (-2.39)	-0.0777** (-2.48)
Insti	0.0000 (0.30)	-0.0002*** (-3.13)	-0.0002*** (-3.14)	-0.0002*** (-3.32)
First	0.0007*** (4.28)	0.0003*** (4.08)	0.0003*** (3.99)	0.0003*** (4.15)
Dual	-0.0007 (-0.25)	0.0039* (1.83)	0.0037* (1.77)	0.0037* (1.79)
Soe	0.0135* (1.89)	0.0114*** (4.34)	0.0126*** (4.81)	0.0118*** (4.40)
Age	-0.0070*** (-4.01)	-0.0013*** (-6.74)	-0.0013*** (-6.69)	-0.0012*** (-6.17)
Big	-0.0172** (-2.07)	-0.0100** (-2.38)	-0.0110*** (-2.64)	-0.0110*** (-2.63)

续表

变量	(1) 个体 *AQ*	(2) 年度 *AQ*	(3) 双向 *AQ*	(4) 地区行业年度 *AQ*
_cons	-0.2295 *** (-4.17)	-0.1788 *** (-5.86)	-0.2282 *** (-7.05)	-0.2343 *** (-6.65)
Year	No	Yes	Yes	Yes
Ind	No	Yes	Yes	Yes
N	19019	19019	19019	19019
调整 R^2	0.1657	0.1663	0.1665	0.3293

注：*、** 和 *** 分别表示在10%、5%和1%水平上显著；括号内为t值。

2. 工具变量法

为缓解遗漏变量和反向因果造成的内生性问题，借鉴李哲（2020）、唐松等（2020）的研究，选取“互联网普及率”作为工具变量（*IV*），为消除量级导致的模型偏差，回归中将该值进行标准化处理。互联网作为金融发展的基础，其普及率与金融发展水平高度相关，因而能够对数字金融的发展产生显著的影响，但与审计质量之间无明显的相关性，因此满足工具变量的要求，此外，本章进行了弱工具变量检验（F值为16234.4，远大于10%显著性水平下对应的特征值16.38），说明工具变量的选取合理。表8-5第（1）、第（2）列为工具变量的回归结果，在第一阶段互联网普及率与数字金融（*Index*）的相关系数为是0.0016（t值为127.41），通过了1%水平性检验，且 R^2 高达0.9623，说明拟合情况很好。在第二阶段，数字金融（*Index*）与审计质量（*AQ*）的相关系数是0.1225（t值为2.64），通过了1%水平性检验，表明在缓解内生性问题后，本章的研究结论保持不变。

3. 倾向得分匹配法（PSM）

为避免个体自选择所导致的内生性问题，本章采用倾向得分匹配法进行检验。首先，将数字金融（*Index*）按照行业年度中位数分成两组。然后以原模型中的盈利能力（*Roe*）、资本结构（*Lev*）、行业（*Ind*）、年度（*Year*）等相关变量作为协变量，采用邻近1∶1匹配，匹配后的回归结果如

表8-5第（3）列所示。数字金融（*Index*）与审计质量（*AQ*）的相关系数为0.0067（t值为2.91），且通过了1%水平性检验，表明在控制了个体自选择的内生性问题后，本章研究结论仍然成立。

表8-5　　　　　　　　　　工具变量及PSM回归结果

变量	(1) *Index*	(2) *AQ*	(3) *AQ*
NET	0.0016*** (127.41)		
Index		0.1225*** (2.64)	0.0067*** (2.91)
Size	-0.0001 (-0.65)	0.0109*** (11.59)	0.0117*** (8.92)
Roe	0.0010 (0.83)	0.4024*** (54.63)	0.3871*** (37.87)
Lev	-0.0037*** (-4.05)	-0.1042*** (-19.09)	-0.1094*** (-14.60)
Bds	0.0001 (0.04)	-0.0505*** (-3.38)	-0.0752*** (-3.63)
Bss	-0.0029 (-0.99)	0.0453*** (2.65)	0.0676*** (2.85)
Dual	0.0012 (0.24)	-0.0762** (-2.49)	-0.1125*** (-2.67)
Insti	0.0000 (1.38)	-0.0002*** (-4.11)	-0.0002*** (-2.77)
First	0.0000*** (3.32)	0.0003*** (3.98)	0.0004*** (3.94)
Dual	0.0009*** (2.65)	0.0043** (2.21)	0.0035 (1.31)

续表

变量	(1) *Index*	(2) *AQ*	(3) *AQ*
Soe	-0.0013 *** (-3.46)	0.0137 *** (6.09)	0.0121 *** (3.86)
Age	-0.0002 *** (-6.05)	-0.0013 *** (-7.63)	-0.0012 *** (-5.46)
Big	0.0036 *** (5.77)	-0.0109 *** (-2.96)	-0.0119 ** (-2.40)
_cons	-0.0195 *** (-3.85)	-0.2287 *** (-7.66)	-0.2349 *** (-5.73)
Year	Yes	Yes	Yes
Ind	Yes	Yes	Yes
N	19019	19019	10212
调整 R^2	0.9623	0.2075	0.1997

注：*、** 和 *** 分别表示在 10%、5% 和 1% 水平上显著；括号内为 t 值。

（二）其他稳健性检验

1. 替换解释变量

借鉴唐松等（2020）、马连福和杜善重（2021）的研究，以地级市层面的数字普惠金融指数作为数字金融的代理变量。回归结果如表 8-6 第（1）列所示，数字金融（*Index*）与审计质量（*AQ*）的相关系数是 0.2053（t 值为 4.22），通过了 1% 水平性检验，与前面的研究结果一致。

2. 替换被解释变量

借鉴梁上坤（2021）的方法，以修正的 Jones 模型计算的可操纵应计利润的绝对值（*DA*）和财务重述（*RESTATE*）替换审计质量。回归结果如表 8-6 第（2）、第（3）列所示，数字金融（*Index*）与审计质量（*DA/RESTATE*）的相关系数分别为 -0.0630 和 -0.7381（t 值分别为 -3.35 和 -6.40），通过了 1% 水平性检验，表明数字金融的发展有效抑制了企业财务重述，提高了审计质量，与前面的研究结果一致。

表 8-6　替换变量的回归结果

变量	(1) *AQ*	(2) *DA*	(3) *RESTATE*
Index	0.2053 *** (4.22)	-0.0630 *** (-3.35)	-0.7381 *** (-6.40)
Size	0.0199 *** (19.51)	-0.0029 *** (-5.07)	-0.0138 *** (-3.99)
Roe	0.0042 *** (9.01)	-0.0326 *** (-7.48)	-0.0876 *** (-3.24)
Lev	-0.1724 *** (-29.31)	0.0157 *** (4.81)	0.0925 *** (4.64)
Bds	-0.0453 *** (-2.87)	0.0042 (0.47)	0.0120 (0.22)
Bss	0.0260 (1.45)	0.0056 (0.55)	0.0018 (0.03)
Dual	-0.0487 (-1.55)	-0.0040 (-0.22)	0.0382 (0.34)
Insti	0.0000 (0.30)	0.0001 *** (4.64)	-0.0003 ** (-2.12)
First	0.0004 *** (5.52)	-0.0000 (-0.11)	-0.0005 ** (-2.16)
Dual	0.0068 *** (3.07)	0.0026 ** (2.16)	0.0024 (0.34)
Soe	0.0070 *** (2.79)	-0.0107 *** (-8.01)	-0.0354 *** (-4.28)
Age	-0.0010 *** (-5.43)	-0.0000 (-0.08)	0.0017 *** (2.85)
Big	-0.0145 *** (-3.53)	-0.0120 *** (-5.43)	-0.0424 *** (-3.16)

续表

变量	(1) *AQ*	(2) *DA*	(3) *RESTATE*
_cons	-0.3817 *** (-11.89)	0.1351 *** (7.56)	0.4986 *** (4.57)
Year	Yes	Yes	Yes
Ind	Yes	Yes	Yes
N	17970	17953	19019
调整 R^2	0.0841	0.0350	0.0785

注：*、** 和 *** 分别表示在 10%、5% 和 1% 水平上显著；括号内为 t 值。

四、进一步分析

（一）作用机理分析

根据前面的分析，数字金融主要通过降低企业经营风险、财务风险以及提高会计信息质量，进而提高审计质量，因此本章借鉴温忠麟等（2004）的中介效应检验，并构建模型（8-4）至模型（8-6），从经营风险、财务风险以及会计信息质量考察数字金融提高审计质量的作用机制。

$$AQ_{i,t} = \gamma_0 + \gamma_1 Index_{i,t} + \sum \gamma \times Controls + \sum Year + \sum Ind + \varepsilon_{i,t} \quad (8-4)$$

$$Rick_{i,t}/Z_{i,t}/DA_{i,t} = \gamma_0 + \gamma_1 Index_{i,t} + \sum \gamma \times Controls + \sum Year + \sum Ind + \varepsilon_{i,t} \quad (8-5)$$

$$AQ_{i,t} = \gamma_0 + \gamma_1 Index_{i,t} + \gamma_2 Rick_{i,t}/Z_{i,t}/DA_{i,t} + \sum \gamma \times Controls + \sum Year + \sum Ind + \varepsilon_{i,t} \quad (8-6)$$

1. 降低经营风险

借鉴王竹泉等（2017）的方法，以过去四年经行业调整的息税折旧摊销前利润率的标准差衡量经营风险，该值越大，企业的经营风险越高。回归结果如表8-7所示，第（1）列表示数字金融（*Index*）与审计质量（*AQ*）之间的正相关关系，相关系数是0.1010（t值为2.71），在1%水平上显著，说明数字金融会提高审计质量；第（2）列表示数字金融（*Index*）与经营风险（*Rick*）之间的负相关关系，且在5%水平上显著，说明数字金融会降低企业经营风险；第（3）列表示加入中介因子后的回归模型，经营风险（*Rick*）与审计质量（*AQ*）之间呈负相关性，数字金融与审计质量之间呈正相关性，说明数字金融通过降低企业经营风险进而提高审计质量。此外，为保证中介效应的稳健性，本章还进行了Sobel检验（*Z*值为2.33，P值为0.02），在5%水平上显著，说明经营风险在数字金融影响审计质量中发挥中介效应。

表8-7　　经营风险机制检验

变量	(1) *AQ*	(2) *Rick*	(3) *AQ*
Index	0.1010*** (2.71)	-0.0242** (-2.38)	0.0854** (2.33)
Rick			-0.6429*** (-22.05)
Size	0.0145*** (12.66)	-0.0044*** (-14.18)	0.0116*** (10.26)
Roe	0.3988*** (47.82)	-0.0955*** (-41.91)	0.3374*** (38.92)
Lev	-0.1147*** (-17.35)	-0.0031* (-1.73)	-0.1167*** (-17.93)
Bds	-0.0532*** (-3.04)	-0.0082* (-1.71)	-0.0584*** (-3.39)
Bss	0.0478** (2.40)	0.0180*** (3.32)	0.0594*** (3.03)
Dual	-0.0826** (-2.32)	-0.0212** (-2.17)	-0.0963*** (-2.74)

续表

变量	(1) *AQ*	(2) *Rick*	(3) *AQ*
Insti	-0.0003*** (-5.36)	0.0001*** (8.17)	-0.0002*** (-3.97)
First	0.0004*** (4.22)	-0.0001*** (-4.82)	0.0003*** (3.43)
Dual	0.0045* (1.83)	-0.0000 (-0.02)	0.0045* (1.86)
Soe	0.0164*** (6.33)	-0.0078*** (-11.06)	0.0113*** (4.45)
Age	-0.0014*** (-6.70)	0.0003*** (4.91)	-0.0012*** (-5.92)
Big	-0.0148*** (-3.43)	0.0041*** (3.51)	-0.0122*** (-2.86)
_cons	-0.2973*** (-8.39)	0.1588*** (16.41)	-0.1952*** (-5.55)
Year	Yes	Yes	Yes
Ind	Yes	Yes	Yes
N	15322	15322	15322
调整 R^2	0.2081	0.1846	0.2325

注：*、** 和 *** 分别表示在10%、5%和1%水平上显著；括号内为t值。

2. 降低财务风险

借鉴奥特曼（Altman，2002）的研究，采用 *Z* 值作为财务风险的代理变量，该值越大，代表企业的财务风险越小，并以1.21作为是否存在财务风险的分界点（程昔武等，2021），若 *Z* 值大于1.21，代表企业不存在财务风险，为0，否则代表企业存在财务风险，为1。财务风险的中介效应回归结果如表8-8所示，第（1）列表示数字金融（*Index*）与审计质量（*AQ*）之间的正相关关系，相关系数是0.0989（t值为3.13），在1%水平上显著，说明数字金融会提高审计质量；第（2）列表示数字金融（*Index*）与财务风险（*Z*）之间的负相关关系，且在1%水平上显著，说明数字金融会降低企业财务风险；第（3）列表示加入中介因子后的回归模型，财务风险（*Z*）与审计质量（*AQ*）之间呈负相关性，数字金融与审计质量之间呈正相关性，说明数字金融通过降低企业财务风险进而提高审计质量。此外，为保证中介效应的稳健性，本章还进行了Sobel检验（*Z*值为3.18，P值为0.00），在1%水平上显著，说明经营风险在数字金融影响审计质量中发挥中介效应。

表8-8　财务风险机制检验

变量	(1) *AQ*	(2) *Z*	(3) *AQ*
Index	0.0989*** (3.13)	-0.1269*** (-3.78)	0.0938*** (2.97)
Z			-0.0405*** (-5.90)
Size	0.0109*** (11.44)	0.0126*** (12.52)	0.0114*** (11.94)
Roe	0.4016*** (54.09)	-0.1564*** (-19.83)	0.3953*** (52.74)
Lev	-0.1039*** (-18.95)	0.0584*** (10.03)	-0.1015*** (-18.49)
Bds	-0.0508*** (-3.37)	0.0082 (0.51)	-0.0504*** (-3.35)
Bss	0.0457*** (2.65)	-0.0128 (-0.70)	0.0452*** (2.63)
Dual	-0.0774** (-2.52)	0.0178 (0.55)	-0.0767** (-2.50)
Insti	-0.0002*** (-4.22)	0.0000 (0.39)	-0.0002*** (-4.20)

续表

变量	(1) *AQ*	(2) *Z*	(3) *AQ*
First	0.0003*** (4.09)	0.0000 (0.39)	0.0003*** (4.11)
Dual	0.0042** (2.15)	0.0041** (1.97)	0.0044** (2.24)
Soe	0.0136*** (5.98)	-0.0055** (-2.26)	0.0134*** (5.88)
Age	-0.0013*** (-7.71)	-0.0003 (-1.45)	-0.0013*** (-7.78)
Big	-0.0104*** (-2.84)	-0.0224*** (-5.73)	-0.0113*** (-3.08)
_cons	-0.2258*** (-7.54)	-0.2931*** (-9.21)	-0.2377*** (-7.92)
Year	Yes	Yes	Yes
Ind	Yes	Yes	Yes
N	18871	18871	18871
调整 R^2	0.2058	0.1248	0.2073

注：*、** 和 *** 分别表示在 10%、5% 和 1% 水平上显著；括号内为 t 值。

3. 提高会计信息质量

借鉴李小玲等（2020）的研究，以沪深交易所公布的信息披露评级衡量会计信息质量，评级越高，会计信息质量就越好。会计信息质量的中介效应回归结果如表 8-9 所示，第（1）列表示数字金融（*Index*）与审计质量（*AQ*）之间的正相关，相关系数是 0.0800（t 值为 2.14），通过了 1% 水平性检验，说明数字金融会提高审计质量；第（2）列表示数字金融（*Index*）与会计信息质量（*QU*）之间的正相关关系，且通过了 1% 水平性检验，说明数字金融会提高企业会计信息质量；第（3）列表示加入中介因子后的回归模型，会计信息质量（*QU*）与审计质量（*AQ*）之间呈正相关性，数字金融与审计质量之间不显著，说明数字金融通过提高会计信息质量进而提高审计质量。此外，为保证中介效应的稳健性，本章还进行了 Sobel 检验（*Z* 值为 4.87，P 值为 0.00），通过了 1% 水平性检验，说明会计信息质量是数字金融影响审计质量的中介变量。

表 8－9　会计信息质量机制检验

变量	(1) *AQ*	(2) *QU*	(3) *AQ*
Index	0.0800** (2.14)	0.4825*** (4.93)	0.0348 (0.96)
QU			0.0937*** (30.41)
Size	0.0095*** (8.10)	0.0199*** (6.49)	0.0076*** (6.71)
Roe	0.4213*** (48.82)	0.6855*** (30.33)	0.3571*** (41.39)
Lev	−0.0928*** (−14.10)	−0.1995*** (−11.58)	−0.0741*** (−11.56)
Bds	−0.0456** (−2.46)	−0.0022 (−0.05)	−0.0454** (−2.53)
Bss	0.0392* (1.85)	−0.0529 (−0.95)	0.0441** (2.14)
Dual	−0.0681* (−1.78)	0.0522 (0.52)	−0.0730** (−1.97)
Insti	−0.0002*** (−4.01)	−0.0001 (−0.87)	−0.0002*** (−3.92)
First	0.0003*** (4.02)	0.0008*** (3.74)	0.0003*** (3.20)

续表

变量	(1) *AQ*	(2) *QU*	(3) *AQ*
Dual	0.0047** (2.09)	-0.0026 (-0.44)	0.0049** (2.27)
Soe	0.0181*** (6.35)	0.0687*** (9.20)	0.0117*** (4.21)
Age	-0.0013*** (-6.67)	-0.0028*** (-5.53)	-0.0010*** (-5.48)
Big	-0.0073 (-1.46)	0.0071 (0.54)	-0.0079* (-1.65)
_cons	-0.2044*** (-5.55)	0.4793*** (4.97)	-0.2493*** (-6.97)
Year	Yes	Yes	Yes
Ind	Yes	Yes	Yes
N	14475	14475	14475
调整 R^2	0.2087	0.1076	0.2563

注：*、** 和 *** 分别表示在 10%、5% 和 1% 水平上显著；括号内为 t 值。

4. 提升关键审计事项披露

通过上述分析可以得知，数字金融通过风险控制和信息效应进而提升了审计质量，但数字金融产生的金融风险也是不可忽略的事实，审计师如何应对这一风险也是值得讨论的问题。

关键审计事项作为新审计准则改革下的重要举措，一定程度上加强了审计报告的信息可读性和价值，同时也是审计师降低自身责任风险的重要手段（韩冬梅和张继续，2018），为进一步探究审计师是否会通过提升关键审计事项披露以应对数字金融所产生风险，进而提升审计质量。本章借鉴陈丽红等（2022）的研究，采用关键审计事项的披露数量（*Num*）作为其代理变量，回归结果如表 8-10 第（1）至第（3）列所示。可以看出，数字金融显著提升了审计师披露的关键审计事项（*Num*），表现为对数字金融产生金融风险的积极应对，且关键审计事项在数字金融与审计质量之间发挥中介效应。此外，为保证中介效应的稳健性，本章还进行了 Sobel 检验（*Z* 值为 2.36，P 值为 0.05），通过了 5% 水平性检验。

表 8－10　　　　关键审计事项机制检验

变量	(1) *AQ*	(2) *Num*	(3) *AQ*
Index	0.1233 *** (2.93)	1.2450 *** (5.78)	0.1167 *** (2.77)
Num			0.0053 *** (2.59)
Size	0.0091 *** (6.47)	0.0924 *** (12.91)	0.0086 *** (6.07)
Roe	0.4359 *** (43.09)	−0.5434 *** (−10.49)	0.4388 *** (43.13)
Lev	−0.0110 * (−1.67)	0.0649 * (1.92)	−0.0114 * (−1.72)
Bds	−0.0162 (−1.58)	−0.0808 (−1.54)	−0.0158 (−1.54)
Bss	−0.1070 *** (−12.62)	0.2803 *** (6.45)	−0.1085 *** (−12.77)
Dual	−0.0002 *** (−3.66)	−0.0004 (−1.10)	−0.0002 *** (−3.63)
Insti	0.0003 *** (3.16)	−0.0021 *** (−3.96)	0.0003 *** (3.27)
First	0.0026 (0.91)	0.0375 ** (2.52)	0.0024 (0.84)
Dual	0.0295 *** (8.32)	−0.1154 *** (−6.37)	0.0301 *** (8.48)

续表

变量	(1) *AQ*	(2) *Num*	(3) *AQ*
Soe	-0.0015*** (-6.23)	-0.0017 (-1.37)	-0.0015*** (-6.19)
Age	-0.0064 (-1.19)	-0.0965*** (-3.52)	-0.0058 (-1.09)
Big	0.0091*** (6.47)	0.0924*** (12.91)	0.0086*** (6.07)
_cons	-0.2756*** (-6.64)	-0.1230 (-0.58)	-0.2749*** (-6.63)
Year	Yes	Yes	Yes
Ind	Yes	Yes	Yes
N	9176	9176	9176
调整 R^2	0.2470	0.0743	0.2475

注：*、** 和 *** 分别表示在 10%、5% 和 1% 水平上显著；括号内为 t 值。

（二）数字金融维度检验

由于数字金融总指标涵盖多个维度，不仅包括覆盖人群的广度（*Coverage_breadth*）和金融服务的使用深度（*Usage_depth*），还包括数字化程度（*Payment*）。为了细化数字金融研究，分别考虑数字金融三个维度对审计质量的影响。根据表 8－11 研究结果表明，覆盖广度（*Coverage_breadth*）、使用深度（*Usage_depth*）与审计质量（*AQ*）的相关系数分别是 0.0788、0.0774（t 值分别为 2.70、3.48），且在 1% 水平上显著，数字化程度（*Payment*）与审计质量（*AQ*）的相关系数是 0.0579（t 值为 2.38），且在 5% 水平上显著。数字金融的三个子维度都能够显著提升审计质量，但相较而言，覆盖广度与使用深度的促进作用更为明显，可能的原因是我国数字技术的发展还未得到广泛的提升，因此需要进一步加强我国数字化基础建设。

表 8－11　　数字金融维度回归

变量	(1) *AQ*	(2) *AQ*	(3) *AQ*
Coverage_breadth	0.0788*** (2.70)		
Usage_depth		0.0774*** (3.48)	
Payment			0.0579** (2.38)
Size	0.0109*** (11.56)	0.0110*** (11.64)	0.0110*** (11.66)
Roe	0.4024*** (54.57)	0.4023*** (54.56)	0.4021*** (54.49)
Lev	−0.1046*** (−19.19)	−0.1047*** (−19.25)	−0.1053*** (−19.37)
Bds	−0.0508*** (−3.39)	−0.0503*** (−3.36)	−0.0505*** (−3.37)
Bss	0.0453*** (2.64)	0.0449*** (2.62)	0.0447*** (2.61)
Dual	−0.0767** (−2.51)	−0.0757** (−2.48)	−0.0760** (−2.48)
Insti	−0.0002*** (−4.12)	−0.0002*** (−4.19)	−0.0002*** (−4.22)
First	0.0003*** (4.03)	0.0003*** (4.05)	0.0003*** (4.09)
Dual	0.0045** (2.29)	0.0044** (2.24)	0.0045** (2.31)
Soe	0.0137*** (6.07)	0.0139*** (6.15)	0.0140*** (6.19)

续表

变量	(1) *AQ*	(2) *AQ*	(3) *AQ*
Age	-0.0013*** (-7.69)	-0.0013*** (-7.70)	-0.0013*** (-7.76)
Big	-0.0105*** (-2.86)	-0.0107*** (-2.91)	-0.0102*** (-2.78)
_cons	-0.2252*** (-7.56)	-0.2280*** (-7.65)	-0.2268*** (-7.60)
Year	Yes	Yes	Yes
Ind	Yes	Yes	Yes
N	19019	19019	19019
调整 R^2	0.2073	0.2075	0.2073

注：*、** 和 *** 分别表示在10%、5%和1%水平上显著；括号内为t值。

（三）异质性分析

1. 地区差异

由于各地区经济环境、资源、政策的差异，导致数字金融的发展受到不同程度的影响，为探求数字金融对审计质量的影响在不同地区之间存在的差异，本章进一步将样本分成东部和中西部两组进行回归，回归结果如表8-12中第（1）列、第（2）列所示。在东部地区数字金融（*Index*）与审计质量（*AQ*）的相关系数是0.1082（t值为2.81），在1%水平上显著；而在中西部地区则未通过显著性检验，主要的原因是相较于中西部地区，东部地区具有良好的经济基础和互联网基础，能够较快地进行数字化建设，更好地发挥数字金融的有效性。

表 8－12　　　　地区差异异质性分析

变量	(1) *AQ*	(2) *AQ*
Index	0.1082*** (2.81)	0.0269 (0.15)
Size	0.0101*** (9.85)	0.0138*** (5.85)
Roe	0.3937*** (47.94)	0.4302*** (25.32)
Lev	－0.0988*** (－16.69)	－0.1290*** (－9.29)
Bds	－0.0548*** (－3.36)	－0.0282 (－0.75)
Bss	0.0454** (2.42)	0.0365 (0.87)
Dual	－0.0806** (－2.40)	－0.0447 (－0.60)
Insti	－0.0002*** (－3.24)	－0.0003** (－2.53)
First	0.0003*** (3.93)	0.0002 (1.07)
Dual	0.0039* (1.88)	0.0061 (1.13)
Soe	0.0105*** (4.15)	0.0281*** (5.28)
Age	－0.0011*** (－6.43)	－0.0016*** (－3.55)
Big	－0.0112*** (－2.88)	－0.0005 (－0.05)

续表

变量	(1) *AQ*	(2) *AQ*
_cons	-0.2122*** (-6.49)	-0.3002*** (-4.08)
Year	Yes	Yes
Ind	Yes	Yes
N	15373	3646
调整 R^2	0.2033	0.2216

注：*、**和***分别表示在10%、5%和1%水平上显著；括号内为t值。

2. 金融监管程度

数字金融在通过降低企业经营风险、财务风险和提高会计信息质量进而提升审计质量的同时，也会因为其技术的创新带来一定的金融风险，增加审计工作的难度，损害审计质量，而强监管能够有效减少管理层的套利行为和机会主义（李哲，2018），从而降低重大错报风险的可能性，提高审计质量。借鉴翟淑萍等（2021）的研究，以2015中国人民银行发布的《关于促进互联网金融健康发展的指导意见》为分界点，将样本分成强弱金融监管区间两组，回归结果如表8-13中第（1）列、第（2）列所示。在强金融监管组中数字金融（*Index*）对审计质量（*AQ*）的提升作用更显著，相关系数是0.1129（t值为3.07），在1%水平上显著，而在弱金融监管组中未通过显著性检验。可能的原因在于，在强金融监管下，数字金融所产生的信息效应和资源效应能更好地服务于企业，促进企业健康稳定地发展，从而提高审计质量。

表 8 - 13　　金融监管程度异质性分析

变量	(1) *AQ*	(2) *AQ*
Index	0.1129 *** (3.07)	0.0871 (1.41)
Size	0.0106 *** (9.17)	0.0137 *** (8.18)
Roe	0.4216 *** (48.64)	0.3306 *** (22.89)
Lev	-0.1103 *** (-15.95)	-0.0966 *** (-10.81)
Bds	-0.0796 *** (-4.24)	0.0084 (0.34)
Bss	0.0797 *** (3.71)	-0.0291 (-1.04)
Dual	-0.1417 *** (-3.70)	0.0621 (1.23)
Insti	-0.0002 *** (-4.08)	-0.0001 (-1.27)
First	0.0003 *** (3.23)	0.0002 * (1.84)
Dual	0.0037 (1.54)	0.0060 * (1.80)
Soe	0.0220 *** (7.67)	-0.0027 (-0.74)
Age	-0.0015 *** (-7.39)	-0.0008 *** (-2.86)
Big	-0.0053 (-1.18)	-0.0239 *** (-3.75)

续表

变量	(1) *AQ*	(2) *AQ*
_cons	-0.1991*** (-5.19)	-0.3471*** (-6.90)
Year	Yes	Yes
Ind	Yes	Yes
N	12778	6241
调整 R^2	0.2341	0.1467

注：*、** 和 *** 分别表示在10%、5%和1%水平上显著；括号内为t值。

3. 会计师事务所规模

不同规模的会计师事务所表现出的专业性和独立性存在较大差异，为探究会计师事务所规模对数字金融与审计质量的影响，进一步将样本分为"四大"和非"四大"两组进行回归分析，结果如表8-14中第（1）、第（2）列所示。在非"四大"组中，数字金融（*Index*）与审计质量（*AQ*）的相关系数是0.0974（t值为2.95），在1%水平上显著，而在"四大"组中不显著。可能的原因在于"四大"拥有良好的专业性，其本身能够弥补数字金融所产生的积极效应，而非"四大"由于专业性相对较差，数字金融所产生的积极效应具有更大的作用空间。因而在非"四大"会计师事务所中，数字金融对审计质量的提升作用更显著。

表8-14　　会计师事务所规模异质性分析

变量	(1) *AQ*	(2) *AQ*
Index	0.1532 (1.46)	0.0974*** (2.95)
Size	0.0085*** (2.91)	0.0112*** (11.12)

续表

变量	(1) *AQ*	(2) *AQ*
Roe	0. 2755 *** (8. 92)	0. 4080 *** (53. 61)
Lev	−0. 0992 *** (−4. 35)	−0. 1048 *** (−18. 61)
Bds	0. 0510 (1. 18)	−0. 0624 *** (−3. 92)
Bss	−0. 0912 * (−1. 91)	0. 0605 *** (3. 32)
Dual	0. 1303 (1. 52)	−0. 1006 *** (−3. 09)
Insti	0. 0000 (0. 18)	−0. 0002 *** (−4. 35)
First	0. 0003 (1. 41)	0. 0003 *** (3. 82)
Dual	0. 0140 * (1. 73)	0. 0039 * (1. 96)
Soe	0. 0208 *** (2. 67)	0. 0134 *** (5. 69)
Age	−0. 0005 (−0. 78)	−0. 0013 *** (−7. 75)
_cons	−0. 2549 *** (−2. 65)	−0. 2189 *** (−6. 91)
Year	Yes	Yes
Ind	Yes	Yes
N	1263	17756
调整 R^2	0. 1278	0. 2124

注：* 、** 和 *** 分别表示在 10% 、5% 和 1% 水平上显著；括号内为 t 值。

第六节　研究结论与启示

本章以数字金融为研究视角，从经营风险、财务风险以及会计信息质量三条路径出发，以 2011－2021 年我国 A 股上市公司为研究对象，实证检验数字金融对审计质量的影响。研究表明，数字金融可以显著提升审计质量，且具有延伸性，在经过多种固定效应、工具变量、倾向得分匹配法内生性处理和替换变量等一系列稳健性检验后，研究结论依然可靠。作用机制研究显示，数字金融通过降低企业经营风险、财务风险、提高会计信息质量以及提高审计师披露关键审计事项的意愿进而提升审计质量。进一步从数字金融维度、地区差异、金融监管和会计师事务所规模等视角探究数字金融对审计质量的影响，发现数字金融的覆盖广度、使用深度和数字化程度均能提高审计质量；数字金融对审计质量的提高在东部地区、强金融监管以及非"四大"会计师事务所中更为显著。

通过本章研究，得到启示如下：（1）对于有关部门而言，一方面需要加强中西部地区的数字金融建设。研究结论表明数字金融对审计质量的提升在东部地区更显著，相对于东部地区，中西部的发展较为落后，加大对中西部地区数字金融建设，不仅可以促进中西部企业健康良好发展，提升审计质量，而且中西部企业的发展可以反哺中西部地区经济，有助于实现共同富裕。另一方面加强金融监管。在强金融监管样本组中数字金融对审计质量的促进作用更显著，有关部门在关注数字金融发展产生的优势的同时，也应当兼顾金融风险，发挥政府部门的引导作用，营造安全的金融环境，防范系统性金融风险。（2）对于上市公司而言，要把握数字金融发展所带来的机遇。数字金融不仅缓解了企业的财务困境和经营风险，助力企业经营发展，而且能够提高审计质量，有利于促进金融市场高质量发展。（3）对于会计师事务所而言，要积极加强自身的专业胜任能力建设，尤其是中小型会计师事务所，应具备数字化发展所需要的专业胜任能力，推动自身发展，增强市场竞争力，做大做强。

第九章

研究结论和对策建议

第一节 研究结论

本书根据相关理论基础和特征事实，提出研究问题，界定数字金融与企业高质量发展相关概念和理论基础。根据整理的相关文献和资料，探讨数字金融对企业整体层面高质量发展的影响，主要探讨其对企业会计信息质量和企业全要素生产率的作用机理和影响效应。针对数字金融与企业会计信息可比性之间的关系研究发现，数字金融具有提升效应，能够提高企业会计信息可比性；机制检验结果显示，数字金融可以通过改善企业内部控制、促进企业数字化转型和抑制真实盈余管理的方式发挥其对会计信息可比性的提升效应；进一步分析显示，数字金融的提升效应在数字金融维度、企业性质、经济政策不确定性和市场化程度不同的情况下会有所不同，具体来说，数字金融的覆盖广度、非国有企业、经济政策不确定性高和市场化水平较高的地区数字金融更能发挥其对会计信息可比性的提升效应。同时，探究了数字金融对企业全要素生产率的影响，研究发现，数字金融促进企业全要素生产率的提升；企业家创新精神和契约精神在数字金融对企业全要素生产率的影响中发挥了部分中介效应；数字金融覆盖广度、使用深度和数字化程度三个维度对企业全要素生产率均有显著的促进作用，数字金融对企业全要素生产率的促进作用具有产权性质、行业竞争程度和规模的异质性。数字金融对民营企业、行业竞争程度大的企业和小规模企业的全要素生产率的促进作用更为显著。

从信息使用者视角，分别探讨数字金融对投资者、债权人和供应商的影响。从投资者视角，主要探讨了数字金融对企业权益资本成本的影响及作用机制。研究发现，数字金融可以降低企业权益资本成本，在使用工具变量法缓解内生性问题以及更换被解释变量衡量方式等稳健性检验后，研究结论依然成立；机制分析表明，数字金融能够通过缓解企业融资约束、信息不对称来降低企业权益资本成本；进一步研究发现，数字金融对市场化程度低的企业、非国有企业以及东部地区企业权益资本成本的降低作用更加显著。

从债权人视角，主要探讨了数字金融对企业债务融资的影响。研究表明，数字金融的发展能够降低企业债务融资成本、优化企业债务融资结构，且在一系列稳健性检验和内生性处理后结论依然成立。进一步研究发现，数字金融通过缓解融资约束、降低信息不对称程度这一中介作用来影响企业债务融资。并且，在高技术企业与股权集中度异质性的情况下，数字金融对企业债务融资会产生不同的影响。

从供应商视角，主要探讨数字金融对供应链风险的影响，研究表明，数字金融能够显著提升供应商集中度，从而降低供应链风险，短期偿债风险和经营风险在数字金融与供应链风险之间起到部分中介作用，且经过一系列稳健性检验后，结论依旧成立。进一步研究表明，数字金融的覆盖广度和使用深度均能显著提高供应商集中度，并且，对于市场化程度高、内部控制质量高的企业而言，数字金融对供应链风险的抑制作用更明显。

从社会中介视角，主要探讨数字金融对审计质量的影响。研究表明，数字金融可以显著提升审计质量，且具有延伸性，在经过多种固定效应、工具变量、倾向得分匹配法内生性处理和替换变量等一系列稳健性检验后，研究结论依然可靠。作用机制研究显示，数字金融通过降低企业经营风险、财务风险、提高会计信息质量以及提高审计师披露关键审计事项的意愿进而提升审计质量。进一步研究发现数字金融的覆盖广度、使用深度和数字化程度均能提高审计质量，且数字金融对审计质量的提高在东部地区、强金融监管以及非“四大”会计师事务所中更为显著。

第二节　对策建议

在已有经验检验结果的研究基础上，结合我国的制度背景和经济发展状况，提出相应的政策建议。

1. 政府层面

首先，政府应大力发展数字金融，加强数字金融基础设施建设，引导其服务于实体经济，促进企业全要素生产率提升。发挥数字金融数字化和普惠性的特点，使金融服务便捷化，降低金融服务门槛，增加可得性，减少企业融资成本，有效纾解“长尾”困境，扩大金融服务范围，不断提高数字金融用户覆盖率，缓解中小企业融资难、融资贵的问题，为其生产经营提供资金支持，以提高全要素生产率。

其次，政府应完善数字金融体系建设，促进数字金融的持续推进，尤其完善中、西部地区金融服务基础设施网络，充分利用大数据、互联网等技术保障数字金融的普惠性与精准性，以便更好地发挥数字金融对企业社会责任水平的提升以及在协调区域发展中的作用。建议分层级设立数字金融专业部门，增强数字金融的服务深度与覆盖广度。督促金融机构深化大数据、人工智能等信息技术在金融领域的应用，建立大数据分析管理平台，推动信息化、智能化的管理体系建设。

最后，政府应该建立有效的市场监管机制，加强对金融市场的引导和监督作用。目前，我国数字金融的发展仍处于初期阶段，数字金融在对企业产生有利影响的同时，也会带来新的金融风险，政府需要完善风险防范体系，并对金融市场进行适当干预，充分发挥数字金融有效配置资源的优势。此外，政府也需要加大力度支持数字金融的发展，投资更多的公共数字技术资源，加快优化金融市场结构，促进我国经济的高质量发展。

2. 企业层面

首先，企业要积极适应数字金融的高速发展，引入数字金融为自身发展服务。数字金融的引入能够为企业转型发展提供助力，提高企业会计信息质量，加强企业与外界的沟通，帮助企业发展行稳致远。此外，在经济政策不确定性较高时，数字金融更容易发挥其提高企业会计信息质量的作用。因此，企业应充分利用数字金融，以期提高企业在面临经济政策不确定时的抗风险能力。

其次，企业要积极顺应数字金融的发展，有效利用数字金融成本低、速度快、覆盖广等特点，实现金融资源的有效配置，从而缓解企业融资约束，获得更多的资金支持，增强企业承担风险的能力，保证企业的正常生产经营。

再次，企业要借助数字金融的发展降低自身与利益相关者之间的信息不对称程度，减少管理层机会主义行为和代理成本，提高投资效率和技术创新投入，进而向外界传递企业可持续健康发展、拥有较强竞争优势的利好信号，有助于企业间建立稳定的交易关系，削弱供应链风险。

最后，企业应做好数字金融对接机制建设，保持良好信用，充分利用数字金融带来的发展红利，实现企业创新、绿色、可持续的发展。

3. 社会中介层面

首先，面对企业不断引入数字化技术，推动金融服务现代化，审计行业应搭建数字审计平台，积极使用新兴数字审计工具，加强“区块链+”审计技术方法的开发应用，实现信息共享和对企业的动态监控，从而有效提升审计效率和质量。

其次，争取会计师事务所管理层的支持，建立内部激励和监督机制。建立数字审计平台需要耗费大量的人力和财力资源，这需要会计师事务所管理层依据自身规模、特点和专长合理规划未来发展战略，加大会计师事务所开发应用审计数字技术的资金支持，进而提高审计质量、改进审计流程。同时，审计人员作为审计程序的重要执行者，会计师事务所可以建立有效的激励机制来提高其工作的积极性，提高审计效率。此外，审计师在审计过程中可能为了一己私欲而迎合被审计单位进行造物造假，为了避免审计合谋行为，会计师事务所应完善监督机制，加强对审计程序的指导监督。

最后，审计行业应积极改善信息人才的引进和培养环境。会计师事务所应加大对人工智能、大数据分析等计算机人才的引进力度，为自身建立数字化信息系统提供方向和指引。并且，大型会计师事务所还可以与政府部门合作，优化人才培养环境，提高工作人员的薪资待遇，鼓励互联网、计算机领域的优秀人才加入审计行业，满足会计师事务所对新型审计人员的需求。同时，会计师事务所应该加强对内部人员的定期培训，提高审计人员在数字化时代的设计业务能力，创新数字化审计方法，有效防范数字风险。

参 考 文 献

[1] 鲍群，赵秀云. 产权性质、供应商关系与公司风险 [J]. 中南财经政法大学学报，2016 (3)：117 - 123.

[2] 蔡昉. 出清无效产能 实现增长动能转换 [J]. 新金融，2018 (6)：4 - 9.

[3] 蔡卫星. 银行业市场结构对企业生产率的影响——来自工业企业的经验证据 [J]. 金融研究，2019 (4)：39 - 55.

[4] 曹越，孙丽，醋卫华. 客户集中度、内部控制质量与公司税收规避 [J]. 审计研究，2018 (1)：120 - 128.

[5] 常璟，许旭. 金融生态环境、股权属性与债务融资结构研究 [J]. 山东大学学报（哲学社会科学版），2011 (3)：100 - 106.

[6] 陈廉，易露，陈强. 数字金融、中小企业债务融资与债权人异质性 [J]. 贵州财经大学学报，2021，214 (5)：53 - 60.

[7] 陈怡安，赵雪苹. 制度环境与企业家精神：机制、效应及政策研究 [J]. 科研管理，2019，40 (5)：90 - 100.

[8] 翟淑萍，韩贤，陈曦. 数字金融对企业投融资期限错配的影响及其路径分析——基于"短贷长投视角" [J]. 广东财经大学学报，2021，36 (4)：96 - 110.

[9] 翟淑萍，王敏，韩贤. 交易所财务问询监管与会计信息可比性——直接影响与溢出效应 [J]. 当代财经，2020，431 (10)：124 - 137.

[10] 底璐璐，罗勇根，江伟，陈灿. 客户年报语调具有供应链传染效

应吗？——企业现金持有的视角［J］. 管理世界，2020，36（8）：148－163.

［11］丁亚楠，王建新．“浑水摸鱼”还是“自证清白”：经济政策不确定性与信息披露——基于年报可读性的探究［J］. 外国经济与管理，2021，43（11）：70－85.

［12］董小红，刘向强．经济政策不确定性会影响股票流动性吗？——基于中国上市公司的经验证据［J］. 商业经济与管理，2020，346（8）：57－69.

［13］杜金岷，韦施威，吴文洋．数字普惠金融促进了产业结构优化吗？［J］. 经济社会体制比较，2020（6）：38－49.

［14］杜善重．数字金融的公司治理效应——基于非家族股东治理视角［J］. 财贸经济，2022，43（2）：68－82.

［15］段军山，高雯玉．数字金融发展对企业全要素生产率的影响研究［J］. 当代财经，2022（5）：51－62.

［16］樊纲，王小鲁，马光荣．中国市场化进程对经济增长的贡献［J］. 经济研究，2011（9）：4－16.

［17］费扬文．会计信息质量与民营企业融资困境研究［J］. 现代经济探讨，2023，493（1）：84－92.

［18］封思贤，郭仁静．数字金融、银行竞争与银行效率［J］. 改革，2019（11）：75－89.

［19］封雨，叶敏文．金融市场发展、独立审计与股权融资成本［J］. 财会通讯，2014（18）：35－38，129.

［20］傅立立，陈震，吴风云．大股东股权质押与供应链风险［J］. 中南财经政法大学学报，2022（3）：74－85.

［21］傅秋子，黄益平．数字金融对农村金融需求的异质性影响——来自中国家庭金融调查与北京大学数字普惠金融指数的证据［J］. 金融研究，2018（11）：68－84.

［22］葛和平，钱宇．数字普惠金融服务乡村振兴的影响机理及实证检验［J］. 现代经济探讨，2021（5）：118－126.

［23］顾海峰，高水文．数字金融发展对企业绿色创新的影响研究［J］．统计与信息论坛，2022，37（11）：77－93.

［24］郭峰，王靖一，王芳，等．测度中国数字普惠金融发展：指数编制与空间特征［J］．经济学（季刊），2020，19（4）：1401－1418.

［25］郭守亭，金志博．数字普惠金融对区域产业结构升级的空间溢出效应研究［J］．经济经纬，2022，39（6）：77－87.

［26］郭田勇，孙光宇．经济政策不确定性、融资成本和企业创新［J］．国际金融研究，2021（10）：78－87.

［27］何伟怡，张娉娉．核心企业领导风格与弱稳定性的工程供应链信息共享：关系质量的中介作用［J］．南开管理评论，2020（1）：107－117.

［28］贺茂斌，杨晓维．数字普惠金融、碳排放与全要素生产率［J］．金融论坛，2021，26（2）：18－25.

［29］黄宏斌，于博，丛大山．经济政策不确定性与企业自愿性信息披露——来自上市公司微博自媒体的证据［J］．管理学刊，2021，34（6）：63－87.

［30］黄菊英，巫昊旻．政府质量与企业债务期限结构互动关系研究［J］．学习与实践，2014（6）：35－43.

［31］黄锐，赖晓冰，赵丹妮，汤子隆．数字金融能否缓解企业融资困境——效用识别、特征机制与监管评估［J］．中国经济问题，2021（1）：52－66.

［32］黄益平，黄卓．中国的数字金融发展：现在与未来［J］．经济学（季刊），2018，17（4）：1489－1502.

［33］惠献波．数字普惠金融与城市绿色全要素生产率：内在机制与经验证据［J］．南方金融，2021（5）：20－31.

［34］江红莉，蒋鹏程．数字金融能提升企业全要素生产率吗？——来自中国上市公司的经验证据［J］．上海财经大学学报，2021，23（3）：3－18.

［35］江轩宇，申丹琳，李颖．会计信息可比性影响企业创新吗［J］．南开管理评论，2017，20（4）：82－92.

［36］解维敏，吴浩，冯彦杰．数字金融是否缓解了民营企业融资约

束？[J]. 系统工程理论与实践，2021，41（12）：3129-3146.

[37] 荆文君，孙宝文．数字经济促进经济高质量发展：一个理论分析框架 [J]. 经济学家，2019（2）：66-73.

[38] 李宏彬，李杏，姚先国，张海峰，张俊森．企业家的创业与创新精神对中国经济增长的影响 [J]. 经济研究，2009，44（10）：99-108.

[39] 李慧云，刘镝．市场化进程、自愿性信息披露和权益资本成本 [J]. 会计研究，2016（1）：71-78.

[40] 李建军，彭俞超，马思超．普惠金融与中国经济发展：多维度内涵与实证分析 [J]. 经济研究，2020，55（4）：37-52.

[41] 李力，刘全齐，唐登莉．碳绩效、碳信息披露质量与股权融资成本 [J]. 管理评论，2019（1）：221-235.

[42] 李林汉，韩明希，侯毅苇．数字普惠金融对实体经济的影响——基于系统 GMM 与面板门槛模型的实证分析 [J]. 华东经济管理，2022，36（12）：14-25.

[43] 李青原，刘习顺．会计信息质量与资源配置——来自我国规模以上工业企业的经验证据 [J]. 会计研究，2021，406（8）：3-21.

[44] 李小玲，崔淑琳，赖晓冰．数字金融能否提升上市企业价值？——理论机制分析与实证检验 [J]. 现代财经（天津财经大学学报），2020，40（9）：83-95.

[45] 李馨子，牛煜皓，张广玉．客户集中度影响企业的金融投资吗？[J]. 会计研究，2019（9）：65-70.

[46] 李增福，董志强，连玉君．应计项目盈余管理还是真实活动盈余管理？——基于我国 2007 年所得税改革的研究 [J]. 管理世界，2011，208（1）：121-134.

[47] 李展．资源错配的行业根源及其对全要素生产率的影响 [J]. 当代财经，2021（6）：3-13.

[48] 梁榜，张建华．中国普惠金融创新能否缓解中小企业的融资约束 [J]. 中国科技论坛，2018（11）：94-105.

[49] 林爱杰，梁琦，傅国华．数字金融发展与企业去杠杆 [J]. 管理

科学，2021，34（1）：142－158.

［50］林钟高，丁茂桓．内部控制缺陷及其修复对企业债务融资成本的影响——基于内部控制监管制度变迁视角的实证研究［J］．会计研究，2017，354（4）：73－80，96.

［51］林钟高，李文灿．监管模式变更有助于提高会计信息可比性吗？——基于信息披露分行业监管视角的经验证据［J］．财经理论与实践，2021，42（4）：58－65.

［52］刘晨，王俊秋，花贵如．客户风险会影响企业创新投入吗？——供应链传染的视角［J］．经济管理，2022，44（9）：169－183.

［53］刘伟江，孙聪，赵敏慧．全要素生产率视角下创业企业发展路径研究［J］．科学学研究，2019，37（7）：1286－1294.

［54］刘焱，姚海鑫，杜燕婕．资本市场开放与会计信息可比性——来自“沪港通”的经验证据［J］．财经理论与实践，2020，41（1）：55－62.

［55］鲁晓东，连玉君．中国工业企业全要素生产率估计：1999～2007［J］．经济学（季刊），2012，11（2）：541－558.

［56］陆凤芝，王群勇．数字普惠金融与金融服务实体经济效率提升［J］．南开学报（哲学社会科学版），2022，287（3）：34－47.

［57］马玎，万蓬勃．互联网金融发展、银企关联与创业板公司债务融资［J］．财会月刊，2019，864（20）：141－148.

［58］马连福，杜善重．数字金融能提升企业风险承担水平吗［J］．经济学家，2021（5）：65－74.

［59］毛新述，叶康涛，张頔．上市公司权益资本成本的测度与评价——基于我国证券市场的经验检验［J］．会计研究，2012（11）：12－22.

［60］梅丹．内部控制质量与会计信息可比性关系的实证研究——基于我国上市公司2011～2014年的证据［J］．经济与管理评论，2017，33（5）：34－41.

［61］孟茂源，张广胜．数字金融与企业盈余管理——来自制造业上市公司的证据［J］．学习与实践，2022，462（8）：33－43.

［62］倪娟，孔令文．环境信息披露、银行信贷决策与债务融资成

本——来自我国沪深两市 A 股重污染行业上市公司的经验证据［J］. 经济评论，2016，197（1）：147 – 156，160.

［63］聂兴凯，王稳华，裴璇. 企业数字化转型会影响会计信息可比性吗［J］. 会计研究，2022，415（5）：17 – 39.

［64］聂秀华，江萍，郑晓佳，吴青. 数字金融与区域技术创新水平研究［J］. 金融研究，2021（3）：132 – 150.

［65］潘临，郝莉莉，张龙平. 签字会计师执业经验与会计信息可比性——来自中国证券市场的经验证据［J］. 审计与经济研究，2019，34（4）：44 – 56.

［66］彭旋，王雄元. 客户股价崩盘风险对供应商具有传染效应吗？［J］. 财经研究，2018，44（2）：141 – 153.

［67］钱海章，陶云清，曹松威，曹雨阳. 中国数字金融发展与经济增长的理论与实证［J］. 数量经济技术经济研究，2020，37（6）：26 – 46.

［68］邱晗，黄益平，纪洋. 金融科技对传统银行行为的影响——基于互联网理财的视角［J］. 金融研究，2018（11）：17 – 29.

［69］冉芳，谭怡. 数字金融、创新投入与企业全要素生产率［J］. 统计与决策，2021，37（15）：136 – 139.

［70］饶萍，吴青. 数字普惠金融对企业全要素生产率的影响［J］. 统计与决策，2022，38（16）：142 – 146.

［71］任晓怡. 数字普惠金融发展能否缓解企业融资约束［J］. 现代经济探讨，2020（10）：65 – 75.

［72］阮坚，申么，范忠宝. 何以驱动企业债务融资降成本——基于数字金融的效用识别、异质性特征与机制检验［J］. 金融经济学研究，2020，35（1）：32 – 44.

［73］盛明泉，蒋世战. 高管股权激励、技术创新与企业全要素生产率——基于制造业企业的实证分析［J］. 贵州财经大学学报，2019（2）：70 – 76.

［74］盛明泉，项春艳，谢睿. 数字普惠金融能否抑制实体企业“脱实向虚”［J］. 首都经济贸易大学学报，2022，24（1）：96 – 112.

[75] 宋敏，周鹏，司海涛．金融科技与企业全要素生产率——“赋能”和信贷配给的视角 [J]．中国工业经济，2021 (4)：138 - 155.

[76] 宋晓玲．数字普惠金融缩小城乡收入差距的实证检验 [J]．财经科学，2017 (6)：14 - 25.

[77] 孙芳城，伍桂林，蒋水全．数字普惠金融对企业投资效率的影响研究 [J]．华东经济管理，2023，37 (1)：95 - 107.

[78] 孙继国，陈琪，胡金焱．金融科技是否提升了中小企业价值？——基于技术创新和信息透明度的视角 [J]．财经问题研究，2022，465 (8)：73 - 81.

[79] 覃志刚，陈茂南．供应商集中、公司治理与企业价值——基于我国A股制造业上市公司数据 [J]．技术经济，2020，39 (5)：163 - 171，183.

[80] 唐松，李青，吴非．金融市场化改革与企业数字化转型——来自利率市场化的中国经验证据 [J]．北京工商大学学报（社会科学版），2022，37 (1)：13 - 27.

[81] 唐松，伍旭川，祝佳．数字金融与企业技术创新——结构特征、机制识别与金融监管下的效应差异 [J]．管理世界，2020，36 (5)：52 - 66，69.

[82] 唐文进，李爽，陶云清．数字普惠金融发展与产业结构升级——来自283个城市的经验证据 [J]．广东财经大学学报，2019，34 (6)：35 - 49.

[83] 田杰，谭秋云，靳景玉．数字金融能否改善资源错配？[J]．财经论丛，2021 (4)：49 - 60.

[84] 万佳彧，周勤，肖义．数字金融、融资约束与企业创新 [J]．经济评论，2020 (1)：71 - 83.

[85] 汪亚楠，谭卓鸿，郑乐凯．数字普惠金融对社会保障的影响研究 [J]．数量经济技术经济研究，2020，37 (7)：92 - 112.

[86] 王迪，鲁威朝，杨道广．内部控制、会计信息可比性与分析师行为 [J]．审计研究，2019，212 (6)：70 - 78.

［87］王宏鸣，孙鹏博，郭慧芳．数字金融如何赋能企业数字化转型？——来自中国上市公司的经验证据［J］．财经论丛，2022，290（10）：3－13.

［88］王敏，谷羽，李兆伟．数字普惠金融与乡村振兴：理论逻辑与实证检验［J］．西北大学学报（哲学社会科学版），2023，53（1）：56－71.

［89］王小鲁，樊纲，胡李鹏，等．中国分省份市场化指数报告（2018）［M］．北京：社会科学文献出版社，2019.

［90］王勋，王雪．数字普惠金融与消费风险平滑：中国家庭的微观证据［J］．经济学（季刊），2022，22（5）：1679－1698.

［91］王永仓，温涛．数字金融的经济增长效应及异质性研究［J］．现代经济探讨，2020（11）：56－69.

［92］王勇．客户负债水平会影响供应商的信贷融资成本吗？——基于制造业上市公司的经验研究［J］．系统工程，2019，37（2）：106－128.

［93］王喆，陈胤默，张明．传统金融供给与数字金融发展：补充还是替代？——基于地区制度差异视角［J］．经济管理，2021，43（5）：5－23.

［94］王竹泉，王贞洁，李静．经营风险与营运资金融资决策［J］．会计研究，2017（5）：60－67，97.

［95］魏卉，姚迎迎．技术创新与企业权益资本成本：提升抑或降低［J］．现代财经（天津财经大学学报），2019（10）：3－19.

［96］魏志华，曾爱民，李博．金融生态环境与企业融资约束——基于中国上市公司的实证研究［J］．会计研究，2014，319（5）：73－80，95.

［97］吴非，向海凌，刘心怡．数字金融与金融市场稳定——基于股价崩盘风险的视角［J］．经济学家，2020（10）：87－95.

［98］吴庆田，朱映晓．数字普惠金融对企业技术创新的影响研究——阶段性机制识别与异质性分析［J］．工业技术经济，2021，40（3）：143－151.

［99］向锐，洪镜淳．供应商——客户关系与会计稳健性［J］．投资研究，2020，39（4）：77－95.

［100］肖红军，阳镇．数字普惠金融会推动企业数字化吗［J］．吉林大

学社会科学学报，2022，62（6）：106－126，233－234.

［101］肖忠意，陈海涛，李润琪．数字普惠金融发展能降低上市公司债务融资成本吗［J］．财会月刊，2022，920（4）：34－41.

［102］谢平，邹传伟，刘海二．互联网金融的基础理论［J］．金融研究，2015（8）：1－12.

［103］谢绚丽，沈艳，张皓星，等．数字金融能促进创业吗？——来自中国的证据［J］．经济学（季刊），2018，17（4）：1557－1580.

［104］谢雪燕，朱晓阳．数字金融与中小企业技术创新——来自新三板企业的证据［J］．国际金融研究，2021（1）：87－96.

［105］胥朝阳，刘睿智．提高会计信息可比性能抑制盈余管理吗？［J］．会计研究，2014，321（7）：50－57，97.

［106］杨刚，张亨溢．数字普惠金融、区域创新与经济增长［J］．统计与决策，2022，38（2）：155－158.

［107］杨金玉，彭秋萍，葛震霆．数字化转型的客户传染效应——供应商创新视角［J］．中国工业经济，2022（8）：156－174.

［108］杨汝岱．中国制造业企业全要素生产率研究［J］．经济研究，2015，50（2）：61－74.

［109］杨旭东．内部控制对企业运营效率的影响研究——基于A股上市公司的经验证据［J］．审计研究，2019（6）：61－69.

［110］杨志强，唐松，李增泉．资本市场信息披露、关系型合约与供需长鞭效应——基于供应链信息外溢的经验证据［J］．管理世界，2020，36（7）：89－105.

［111］易行健，周利．数字普惠金融发展是否显著影响了居民消费——来自中国家庭的微观证据［J］．金融研究，2018（11）：47－67.

［112］殷枫，贾竞岳．大客户盈余管理对供应商企业投资的影响研究［J］．审计与经济研究，2017，32（6）：64－78.

［113］于蔚，汪淼军，金祥荣．政治关联和融资约束：信息效应与资源效应［J］．经济研究，2012，47（9）：125－139.

［114］于莹，姚梅芳．客户管理层负面语调与供应商未来绩效关系研

究——基于 MD&A 的文本分析 [J]. 税务与经济，2022 (2)：79 -87.

[115] 余东华，王梅娟. 数字经济、企业家精神与制造业高质量发展 [J]. 改革，2022 (7)：61 -81.

[116] 喻灵. 股价崩盘风险与权益资本成本——来自中国上市公司的经验证据 [J]. 会计研究，2017 (10)：78 -86.

[117] 喻平，豆俊霞. 数字普惠金融发展缓解了中小企业融资约束吗 [J]. 财会月刊，2020 (3)：140 -146.

[118] 袁淳，肖土盛，耿春晓，等. 数字化转型与企业分工：专业化还是纵向一体化 [J]. 中国工业经济，2021，402 (9)：137 -155.

[119] 袁知柱，张小曼，于雪航. 产品市场竞争与会计信息可比性 [J]. 管理评论，2017，29 (10)：234 -247.

[120] 张庆君，黄玲. 数字普惠金融、产业结构与经济高质量发展 [J]. 江汉论坛，2021 (10)：41 -51.

[121] 张蕊，余进韬. 数字金融、营商环境与经济增长 [J]. 现代经济探讨，2021 (7)：1 -9.

[122] 张睿，张勋，戴若尘. 基础设施与企业生产率：市场扩张与外资竞争的视角 [J]. 管理世界，2018，34 (1)：88 -102.

[123] 张勋，万广华，张佳佳，何宗樾. 数字经济、普惠金融与包容性增长 [J]. 经济研究，2019，54 (8)：71 -86.

[124] 张勇，殷健. 数字普惠金融促进企业全要素生产率提高了吗? [J]. 财政科学，2022 (11)：119 -132.

[125] 张羽瑶，张冬洋. 商业信用能够提高企业全要素生产率吗? ——基于中国企业的融资约束视角 [J]. 财政研究，2019 (2)：116 -128.

[126] 钟凯，梁鹏，董晓丹，王秀丽. 数字普惠金融与商业信用二次配置 [J]. 中国工业经济，2022 (1)：170 -188.

[127] 周云波，黄祺雨. 数字普惠金融与居民社会信任——基于经济公平和机会公平的双视角 [J]. 现代经济探讨，2023 (1)：15 -28.

[128] 朱东波，张相伟. 中国数字金融发展的环境效应及其作用机制研究 [J]. 财经论丛，2022 (3)：37 -46.

[129] 朱文莉，白俊雅．供应商集中度、非标准审计意见与商业信用融资［J］．商业研究，2018（6）：61－70.

[130] 邹美凤，张信东．供应商集中度影响企业创新吗？［J］．投资研究，2020，39（12）：44－63.

[131] Aghion P, Cai J, Dewatripont M, et al. Industrial Policy and Competition [J]. American Economic Journal: Macroeconomics, 2015, 7 (4): 1-32.

[132] Audretsch D B, Belitski M. The Missing Pillar: The Creativity Theory of Knowledge Spillover Entrepreneurship [J]. Small Business Economics, 2013, 41 (4): 819-836.

[133] Baron R M, Kenny D A. The Moderator-mediator Variable Distinction in Social Psychological Research: Conceptual, Strategic and Statistical Considerations [J]. Journal of Personality and Social Psychology, 1986, 51 (6): 1173-1182.

[134] Barth M E, Landsman W R, Lang M, et al. Are IFRS-based and US GAAP-based Accounting Amounts Comparable? [J]. Journal of accounting & economics, 2012, 54 (1): 68-93.

[135] Beck T, Demirguc - Kunt A. Small and Medium-size Enterprises: Access to Finance as a Growth Constraint [J]. Journal of Banking & Finance, 2006, 30 (11): 2931-2943.

[136] Berger P, Eli O, David Y. Managerial Entrenchment and Capital Structure [J]. Journal of Finance, 2016, 52 (4): 1411-1438.

[137] Berger S C, Gleisner F. Emergence of Financial Intermediaries in Electronic Markets: The Case of Online P2P Lending [J]. Business Research, 2009, 2 (1): 39-65.

[138] Charlene P, Leo L, Joseph H. Accounting Quality, Debt Covenant Design, and the Cost of Debt [J]. Review of Quantitative Finance and Accounting, 2016 (47): 1271-1302.

[139] Chen W, Kamal F. The Impact of Information and Communication Technology Adoption on Multinational Firm Boundary Decisions [J]. Journal of

International Business Studies, 2016, 47 (5): 563 -576.

[140] Cheng M, Dhaliwal D, Zhang Y. Does Disclosure of Material Weaknesses in Internal Control Over Financial Reporting [J]. Journal of Accounting and Economics, 2013, 56 (1): 1 -18.

[141] Demertzis M, Silvia M, Wolff G B. Capital Markets Union and the Fin-tech Opportunity [J]. Journal of Financial Regulation, 2018 (4): 157 - 165.

[142] Dhaliwal D, Judd J S, Serflng M, et al. Customer Concentration Risk and the Cost of Equity Capital [J]. Journal of Accounting and Economics, 2016, 61 (1): 23 -48.

[143] Doyle J, Ge W, Mcvay S. Determinants of Weaknesses in Internal Control Over Financial Reporting [J]. Journal of accounting and economics, 2007, 44 (1/2): 193 -223.

[144] Duarte J, Siegel S, Young L. Trust and Credit: The Role of Appearance in Peer - to - Peer Lending [J]. Review of Financial Studies, 2012, 25 (8): 2455 -2484.

[145] Dupas P, Robinson J. Why Don't the Poor Save More? Evidence from Health Savings Experiments [J]. American Economic Review, 2013, 103 (4): 1138 -1171.

[146] Echterling F, Eierle B, Ketterer S. Review: A Review of the Literature on Methods of Computing the Implied Cost of Capital [J]. International Review of Financial Analysis, 2015, 42 (12): 235 -252.

[147] Franco G D, Kothari S P, Verdi R S. The Benefits of Financial Statement Comparability [J]. Journal of Accounting Research, 2011, 49 (4): 895 -931.

[148] Fuster A, Plosser M, Schnabl P, et al. The Role of Technology in Mortgage Lending [J]. The Review of Financial Studies, 2019, 32 (5): 1854 - 1899.

[149] Garleanu N, Panageas S, Yu J. Financial Entanglement: A Theory

of Incomplete Integration, Leverage, Crashes, and Contagion [J]. American Economic Review, 2015, 105 (7): 1979 – 2010.

[150] Geng Z, He G. Digital Financial Inclusion and Sustainable Employment: Evidence from Countries along the Belt and Road [J]. Borsa Istanbul Review, 2021, 21 (3): 307 – 316.

[151] Goldberg J, Nozawa Y. Liquidity Supply in the Corporate Bond Market [J]. The Journal of Finance, 2021, 76 (2): 755 – 796.

[152] Gomber P, Kauffman R J, Parker C. On the Fin-tech Revolution: Interpreting the Forces of Innovation, Disruption and Transformation in Financial Services [J]. Journal of Management Information Systems, 2018, 35 (1): 220 – 265.

[153] Hertzel M, Officer M. Industry Contagion in Loan Spreads [J]. Journal of Financial Economics, 2012, 103 (3): 493 – 506.

[154] Hua W. The Fintech Revolution: An Opportunity for the West African Financial Sector [J]. Open Journal of Applied Sciences, 2016, 6 (11): 12.

[155] Intintoli V J, Serfling M, Shaikn S. CEO Turnovers and Disruptions in Customer – Supplier Relationships [J]. Journal of Financial & Quantitative Analysis, 2017, 52 (6): 2565 – 2610.

[156] Kaviani M S, Kryzanowski L, Maleki, et al. Policy Uncertainty and Corporate Credit Spreads [J]. Journal of Financial Economics, 2020, 138 (3): 838 – 865.

[157] King R G, Levine R. Finance and Growth: Schumpeter Might Be Right [J]. The Quarterly Journal of Economics, 1993, 108 (3): 717 – 737.

[158] Kirzner I M. Competition and Entrepreneurship [M]. University of Chicago press, 2015.

[159] Lambert R, Leuz C, Verrecchia R E. Accounting Information, Disclosure, and Cost of Capital [J]. Journal of Accounting Research, 2007, 45 (2): 385 – 420.

[160] Levie J, Autio E. Regulatory Burden, Rule of Law, and Entry of

Strategic Entrepreneurs: An International Panel Study [J]. Journal of Management Studies, 2011, 48 (6): 1392 -1419.

[161] Li Z, Wu F, Zhang F. A Multi-scalar View of Urban Financialization: Urban Development and Local Government Bonds in China [J]. Regional Studies, 2022, 56 (8): 1282 -1294.

[162] Muller O, Fay M, Vom B R, et al. The effect of Big Data and Analytic on Firm Performance: An Econometric Analysis Considering Industry Characteristics [J]. Journal of Management Information Systems, 2018, 35 (2): 488 -509.

[163] Ozili P K. Impact of Digital Finance on Financial Inclusion and Stability [J]. Borsa Istanbul Review, 2018, 18 (4): 329 -340.

[164] Peter G, Robert J. On the Fintech Revolution: Interpreting the Forces of Innovation, Disruption, and Transformation in Financial Services [J]. Journal of Management Information Systems, 2018, 35 (1): 220 -265.

[165] Schumpete J A. The theory of economic development [M]. MA: Harvard University Press, 1934.

[166] Solomon E. The Theoryof Financial Management [M]. New York: Columbia University Press, 1963.

[167] Sonko P. Impact of Digital Finance on Financial Inclusion and Stability [J]. Borsa Istanbul Review, 2018, 18 (4): 329 -340.

[168] Ute S. Buyer Structure and Seller Performance in US Manufactural Industries [J]. The Review of Economics and Statistics, 1991, 73 (2): 277 -284.

[169] Wang Q, Yang J B, Chiu Y H, et al. The Impact of Digital Finance on Financial Effictency [J]. Managerial and Decision Economics, 2020, 41 (7): 1225 -1236.

[170] Wu J Y, Ao Q G, Tong H X. Does Monetary Policy Tightening Reduce the Maturity Mismatch of Investment and Financing: Empirical Evidence from China [J]. Journal of Applied Finance & Banking, 2019, 9 (6): 31 -56.

[171] Xu X, Li J. Asymmetric Impacts of the Policy and Development of Green Credit on the Debt Financing Cost and Maturity of Different Types of Enterprises in China [J]. Journal of Cleaner Production, 2020, 5 (5): 56 - 71.

[172] Yu C J, Jia N, Li W Q, et al. Digital Inclusive Finance and Rural Consumption Structure-evidence from Peking University Digital Inclusive Financial Index and China Household Finance Survey [J]. China Agricultural Economic Review, 2020, 14 (1): 165 - 183.

[173] Zhang J. The Impact of Vivid Graphical Presentation of Financial Information in Digital Annual Reports on Investors' Impressions of Management and Firm Performance [J]. Journal of Information Systems, 2020, 34 (3): 233 - 253.